길을 잃은
리더들

길을 잃은 리더들

the sky is falling

하나님 나라를 위해 새로운 모험에 도전하는
리더와 교회를 위한 제안

앨런 록스버그 지음 | 김재영 옮김

국제제자훈련원

Originally published in the U.S.A. under the title:
The Sky Is Falling?!
Copyright © 2005 by Alan J. Roxburgh

All rights reserved under International Copyright Law. Contents and/or cover may not be reproduced in whole or in part in any form without the express written consent of the publisher.

Published in Eagle, Idaho, by ACI Publishing.

Korean Edition Copyright © 2009 by DMI Press, Seoul, Republic of Korea.

서 문

당신이 지금부터 읽는 즐거움을 누리려고 하는 이 책을 내가 방금 막 다 읽었다. 물론 기쁨도 함께 누리면서 말이다. 당신처럼 나도 내 인생의 '지금'이라는 이 시점에서 이 책을 대면하게 되었고, 내 경험들이 이 책을 읽어나가는 데 영향을 주었다. 특히 이 책이 매우 심도 있게 제시하고 있는 두 가지 현상이 요즘 내 생활 가운데서 일어나고 있다.

첫째, 나는 앨런이 책에서 "이머전트"Emergents라고 명명하고 있는 그룹과 관련된 한 사람으로서 앨런이 지적하고 있듯이 별로 유익하지 않게 믿음에 '제도적'으로 접근하고 있는 사람들에게 비판을 받아 왔다. 솔직히 말해서 나는 이러한 비판들에 어떻게 대응할지 생각하면서 낙심과 분노, 불안과 혼란이 뒤섞인 느낌을 받았다. 그런데 이 책을 읽어가면서 다소 안정을 되찾았다. 나는 우리가 여기에서 우리란 다양한 기독교 공동체에 속해 있는 우리 모두를 가리킨다. 변화를 겪고 있으며 과도기를 통과하고 있다는 사실을, 그리고 어느 정도의 비판과 변호, 맞대응과 비난, 당혹스러움을 피할 수 없다는 점을 상기하게 되었다. 앨런은 스트레스가 많은 내게 방향 감각을 일깨워 주는 것 같았다.

둘째, 앞으로 몇 달 내에 나는 23년 전에 개척을 도왔던 교회에서 리더십을 내려놓게 된다. 나는 자식들이 성장하고 아내와 내가 감당해 온 이 공동체에 계속해서 참여하기를 소망한다. 나는 최소한 앞으로 몇 년 동안 이 교회가 우리 가정의 기반이자 신앙 공동체가 되기를 바란다. 그러나 곧 나는 담임 목사직에서 떠나게 될 것이다. 이 변화를 슬프게 생각하지는 않는다. 그 일은 "때가 차매" 나에게 임한 일이다. 그리고 곧 새로운 목회자가 세워질 것이며, 내가 팀의 일원으로 그를 지원할 특권을 가지게 될 것을 생각하면 흥분이 된다. 이 책을 여러 번 읽으면서 나는 내 뒤를 이을 리더가, 그리고 우리의 리더십 팀 전체가 지금처럼 도전적이며 새로운 시기를 맞이하는 시점에서 이 책의 도움을 받게 된 것에 대해서 깊이 감사했다. 또 앞으로 몇 년 동안 내가 펼치는 사역을 통해서 이 책을 추천할 수 있다는 사실에 대해서도 감사했다.

이 책에 대한 당신의 반응은 분명히 현재 당신이 서 있는 입장에 영향을 받을 것이다. 당신이 자신을 "리미널"Liminal로 생각하는지 아니면 "이머전트"Emergent로 생각하는지에 따라, 또는 당신이 기존의 교회에서 일하고 있는지, 아니면 새로 형성되고 있는 교회에서 일하고 있는지에 따라 결정될 것이다. 그러나 내가 그랬듯이 당신도 이 책이 당신 인생에서 가장 중요한 책이라고 느낄 것을 확신한다. 이 책을 진지하게 깊이 묵상하면서 읽는다면 더욱 그러할 것이다.

몇 년 전부터 앨런은 나의 친구이자 멘토다. 그는 나보다 겨우 두어 살

더 많지만, 그보다 훨씬 더 지혜로운 것 같다. 앨런을 만나는 사람은 누구나 그의 명민함을 알아차린다. 앨런이 말을 하지 않고 있어도 그의 반짝이는 두 눈은 그의 생각이 활발하게 돌아가고 있음을 말해 준다. 그의 두뇌는 거의 언제나 창의적인 생각과 통찰로 가득 차 있다. 그러나 이 책에서 나는 전에는 결코 몰랐던 사실, 즉 그가 다른 사람들의 아픔을 얼마나 깊이 느끼고 공감하는 사람인지를 깨달았다.

그는 파도처럼 우리 주위에 몰려드는 변화에 대한 상실감과 우려, 혼란을 붙잡고 씨름하면서 우리를 어지러운 혼란을 통과해 어디가 어디인지를 아는 이에게로 데려다 주려고 노력하고 있는 리미널의 고통을 느낀다. 또한 그는 이머전트의 고통도 느낀다. 이머전트는 아마도 과거와 더 쉽게 결별하기는 하겠지만, 동시에 미지의 미래에 대면하기 위해 필요한 것들을 상당 부분 잃어버릴 위험에 노출되어 있다. 앨런은 이 두 그룹이 서로를 비난하거나 다른 식으로 편을 가르지 않고 우리에게 닥쳐오는 혼란을 이해하기 위해서는 멘토가 절실히 필요하다는 것을 이해하고 있다. 그는 우리 리미널과 이머전트가 얼마나 절실하게 서로를 필요로 하는 때를 맞이하고 있는지 알고 있다. 나는 그가 모든 점에서 옳다고 믿는다.

나는 고작 10년 전에 첫 책을 썼다. 그 당시에는 지금 당신이 손에 들고 있는 것과 같은 책들이 거의 없었기 때문에 주로 느낌과 본능적인 감각으로 그리고 어떤 은혜로운 인도하심과 분별력으로 글을 썼다. 지난 10년을 돌이켜보니 내가 한 가지 점에서는 옳았다는 것을 알 수 있다. 내 첫 책의 첫 장 제목을 "불연속성을 극대화하라"고 붙였다는 점이다. 이 책에서 앨런은 어째서 오늘날의 문화적이며 전략적인 불연속성은 극소화될 수 없는지를, 어째서 작은 변화나 눈속임으로는 충분하지 않은지를, 그리고 어째서 전략적 계획은 1단계에서 바로 5단계로 진행되지 않는지를 설명하고 있다.

당신은 또 연속적이면서도 불규칙적인 변화와 그 변화의 틀과 골격, 오늘날과 같은 시기에 필요한 새로운 리더와 이전의 리더들, "시너지스트"의 역할을 하는 대 스승이 이끌어가는 새로운 미셔널 결사체missional orders의 가능성에 대해서도 배우게 될 것이다. 당신은 또 내게는 신선하고 희망적인 성경을 무시하면서 "성경은 부적절해"라고 바라보는 태도가 아닌, 그렇다고 "성경의 장과 절을 들이대는" 근본주의적인 방식도 아닌, 정확히 지금 우리 시대에 필요한 발전적인 자원을 발견하는 심원하고 예의 바르며, 서사적인narrative 방식으로 성경을 대하는 길을 알게 될 것이다.

이 모든 것이 가족, 일, 임학forestry, 엔지니어링, 비즈니스, 문화인류학 등을 활용하여 때로는 매우 시각적인 방식으로 제시될 것이다. 이 모든 것을 통해서 다음 두 가지가 많은 사람들에게 더욱 분명하게 이해되길 바란다. 첫째, 만일 우리에게 새로운 종류의 교회가 필요하다면, 리더들도 새로워져야 한다는 것이다. 이 책에서 앨런이 제시하는 기술을 토대로 다음 세대를 새롭게 돕고자 한다면 우리는 완전히 새로운 리더가 되어야 한다.

그러나 그게 우리가 깨닫는 전부라면, 앨런이 제시하는 가장 근본적이며 강력한 통찰을 놓치는 것이다. 그것은 새로운 종류의 리더를 갖춘 새로운 종류의 교회를 세우는 것이 핵심이 아니라는 것이다. 종국에 가서는 우리가 교회 안에서 교회를 말하고 교회에 대해서 글을 쓴다 할지라도, 그것이 교회에 관한 것은 아니라는 것이다. 이것이 내가 말하는 두 번째다. 교회는 그 자체보다 훨씬 더 큰 것을 위해서 존재한다. 오직 그 한 가지를 이해할 때, 열린 마음과 열린 생각으로 이 책을 읽어가면서 투자한 당신의 돈과 시간과 노력이 가치가 있는 것이다.

2005년 8월
브라이언 맥클라렌

감사의 말

이 책은 지난 몇 년에 걸쳐 친구들의 관대한 도움들을 통해 이루어졌다. 사람은 관계를 통해서 그 사람의 인생을 형성해 간다. 그래서 나는 이 작업이 이루어지는 데 기여했을 뿐만 아니라 내 삶을 형성해 준 많은 분들에게 진심으로 감사한다.

먼저 팻 카이퍼트Pat Keifert와 마크 프리디Mark Priddy에게 감사한다. 내가 마크를 만난 지는 2년 남짓밖에 되지 않는다. 그때 나는 그가 하나님의 사랑과 은혜가 임한 사람일 뿐만 아니라 하나님 나라를 위해서 후하게 베푸는 사람임을 알아보았다. 이 책의 작업을 위해 여름 내내 시간을 투자할 수 있도록 도와준 마크에게 감사한다. 또한 미셔널 리더십의 성격을 이해하고 분별하는 작업을 위해 헌신해 준 일에 대해서도 감사한다.

팻 카이퍼트는 독특한 사람이다. 그의 지적 능력과 진정한 우정은 지난 몇 년 동안 내 학습과 개발에 중요한 역할을 했다. 그의 우정과 동지 의식은 내 글의 중요한 자양분이 되었다. 팻은 자신의 삶과 열정을 하나님의 영광을 확대해 나가는 일에 집중시키고 있는 극소수의 재능 있는 사람 중 한 명이다. 지난 세월에 걸쳐 그가 보여 준 지혜와 우정에 진심으로 감사한다. 미셔널 삶을 이해하고 형성하는 이 여정을 팻과 공유했다는 것은 대단한 특권이다.

무엇보다 지난 몇 년에 걸쳐 나를 깊이 사랑해 주고 따뜻한 동반자가 되어 준 아내에게 진정으로 감사한다. 그녀는 내가 이러한 생각들을 나누고 실행에 옮길 기회를 찾으면서 전 세계를 여행할 때에 내 삶의 닻이 되어 주었던 사람이다. 그녀의 사랑과 지원이 얼마나 중요한지 표현할 말을 찾지 못하겠다.

이 책에서 자신의 아이디어가 쓰인 것을 보면서도 그에 대한 감사의 말을 받지 못한 분들에게 미리 사과를 드린다. 나는 여러분 모두에게 감사하고 있다. 우리가 함께 나눴던 그 대화들 덕분에 이 책이 더 나아졌다. 이 자리에서 일일이 감사를 표하지 못함을 이해해 주기 바란다. 내 삶과 이 책에 여러분이 기여해 준 그 모든 것으로 인해 여러분이 항상 풍성한 복을 누리길 빈다.

차 례

서문 _ 5
감사의 말 _ 10
서론 _ 14

제1부 방향 감각 상실

제1장 낯선 세계의 두 부족 _ 22

제2장 만일 하늘이 무너지고 있다면? _ 34

제3장 변화를 위한 모델 개발 _ 46

제4장 변화의 5단계 _ 66

제5장 불연속적 변화: 성경적 서사 _ 89

제6장 경계성-과도기의 특성 _ 98

제7장 경계성과 코뮤니타스 _ 129

제8장 성경 속 경계성과 코뮤니타스 _ 146

제9장 과도기와 문화 _ 169

제2부 변화하는 세상에서의 리더십

제10장 과도기와 리더십 _ 184

제11장 제안 _ 202

제12장 대 스승의 역할 _ 231

주 _ 243

참고도서 _ 249

서론

미셔널missional, 무슨 뜻인가?

지난 10년 동안 나는 목회자이자 교수로서 서구 교회 안에서 일어난 변화에 대한 논의에 참여해 왔다. 그 논의는 서서히 "미셔널" 대화"missional" conversation로 알려졌다. 문화가 변함에 따라 그 문화에 따르는 언어도 바뀌어야 한다. "미셔널"missional이라는 단어도 바로 그런 식으로 발전했다.

내가 미셔널이라는 아이디어를 처음으로 자세하게 표현한 것은 1998년에 *Missional Church: A Vision for the Sending of the Church in North America*를 출판했을 때다. 이 생각의 출발점은 레슬리 뉴비긴 감독Bishop Lesslie Newbigin의 글이었다. 뉴비긴은 30년 이상을 인도 선교사로 지냈다. 1960년대 후반에 선교사에서 은퇴하고 고향인 영국으로 돌아온 그는 자신이 30년 전에 떠났던 서구 문화의 기독교적인 영혼이 거의 다 사라져 버렸다는 사실에 직면했다. 뉴비긴은 20세기 후반 복음이 직면한 최대의 도전은 더 이상 전 세계의 미전도 종족들이 아니라 기독교 정체성을 급속도로 상실해 버린 유럽과 북미 그리스도인들이라는 사실을 깨달았다. 뉴비긴은 이렇게 물었다. "과연 서구 세계가 회심할 수 있을까?" 이 질문은 '미셔널' 탐구의 근본적인 쟁점 중 하나를 표현했다. 유럽과 북미 교회가 직면해 있는 도전은 그 자신의 백성들을 회심시키는 것이었다.

'미셔널'이 되는 데 필요한 이 새로운 교회관은 북미 교회들 가운데서 반향을 일으키기 시작하면서 신속하게 많은 교회 리더들의 공용어가 되었다. 만일 우리 사회에서 기독교인이 신앙 생활과 정체성에 뭔가 심각한 문제가 있다는 강한 위기의식이 깔려 있지 않았다면, '미셔널'에 대한 대화는 교회에 대한 다른 많은 개념과 운동들처럼 사라져 버렸을 것이다.

지난 몇 년 동안 교회들의 중심적인 가치들이 바뀌었다. 말하자면, "하나님이 우리가 다른 사람들을 위해 무엇을 하도록 부르고 계신가?"에서 "내가 교회에 와서 무엇을 얻어갈 것인가?"로 바뀌었다. 강단에서 전파되고 있는 그리스도의 메시지가 이에 맞추어 변하고 있으며, 불과 50년 전의 설교 내용과는 급격하게 달라졌다. 지금 우리는 대대적인 변화와 격변기 가운데 있다. 이 맥락에서 미셔널 대화는 이 시대의 한가운데 서 있는 한 사람의 '그리스도인'이 직면하는 도전들을 논의하고 제기할 수 있는 유용한 언어를 제공해 주었다.

"미셔널"missional이라는 말은 북미와 유럽이 일차적인 "선교 현장"이 되었다는 사실을 표현하기 위해 만들어졌다. 또한 "미셔널"은 하나님의 선교God's mission, 혹은 우리가 나중에 탐구하겠지만, 미시오 데이 mission dei가 바로 교회와 교회의 활동을 모두 형성하고 규정해 준다는 뜻이다. 그것은 교회가 우리의 필요를 채워 주고 궁극적으로는 자기 유익을 구하는 그룹이 되기를 기대하는 것과 상반되는 것이다. 만일 서구가 복음중심적인 말씀을 상실했거나 다른 가치들과 타협하고 있는 선교 현장이 되었다면, 이 선교의 초점은 예수 그리스도 안에서 우리와 만나셨던 하나님을, 우리의 삶을 형성하고 그 삶에 의미를 주는 신앙 공동체의 중심으로 다시 모셔 들이는 데 있다. 이것이 그리스도인이 된다는 것의 확실한 증거지만 오늘날 미국 교회에서는 이런 일이 일어나고 있지 않다.

서구 사회 전역에서, 특히 북미에서 기독교 역사에 대한 이해와 그 실천에 근본적 변화가 발생했다. 기독교 역사는 더 이상 하나님과 하나님이 세상 가운데서 하실 일에 대한 것이 아니다. 그것은 어떻게 하면 한 개인적 자아가 자기의 목적과 성취를 발견할 수 있느냐에 관한 것이다. 좀더 구체적으로 말해서 우리 교회들은 자기표현이 강해진 개인들의 사적이며 내면적인 필요를 채우기 위한 영적 푸드코트가 되어 버렸다. 그 결과가 바로 저급해지고, 타협하며, 본질에서 벗어난 기독교의 탄생이다. 성경의 서사는 세계 안에서, 세계를 통해서, 세계를 위해서 이루어지는 하나님의 선교에 관한 것이며, 하나님이 사랑으로 세계를 구원하시겠다는 목적을 위해 어떻게 인류를 부르셨는지에 관한 것이다. 그러므로 우리의 초점은 하나님이 달성하기 원하시는 것, 그리고 우리가 하나님의 소명의 일부가 되는 것, 하나님이 우리 일들을 성취하도록 도우시는 것에 있어야 한다.

교회를 운영하는 방식이 미셔널 대화에서 중요한 이유가 여기에 있다.

지역 교회는 하나님이 예수 그리스도를 통해 모든 피조물들을 초청하고 있다는 사실을 드러내는 표증이자 증거이다. 하나님은 그렇게 의도하셨다. 교회의 방식은 세상의 방식과 달라야 한다. 교회는 바로 주변에 있는 사회와는 판이하게 다른 것을 의도한다. 교회는 그 교회가 서 있는 특정한 문화에서 도출한 신념이나 관행이 아니라, 성경과의 상호작용을 통해서 발견한 신념과 관행을 중심으로 형성되어야 한다. 물론 교회는 하나의 문화 가운데서 전환 가능한 형태를 구현해야 한다. 우리는 세상 가운데 있지만, 세상에 속하지 않아야 한다. 우리는 세상에 의미와 목적을 주어야 하지만, 세상이 우리의 의미와 목적이 되어서는 안 된다.

이 책은 미셔널 탐구, 즉 한 사람의 그리스도인이 된다는 것이 의미하는 핵심으로 되돌아가고자 탐구하는 교회 리더들이 직면한 도전에 관한 책이다. 지난 10여 년 동안 내가 배운 것은, 지금과 같은 격변의 시기에 '우리가 어떻게 인도할 것인가.'라는 실질적인 쟁점에 주목하지 않는다면 미셔널 과제들은 결코 뿌리를 내릴 수도, 번영할 수도 없다는 사실이다. 미셔널 대화는 다음 장들에서 상세하게 소개할 다른 두 운동에 참여하고 있는 사람들 – 포스트모던과 이머전트 – 사이에서 이미 시작되었다. 우리가 이미 그토록 자주 대화를 나눴다는 사실은 오늘날 존재하는 변화와 갈등의 수준을 한번에 볼 수 있게 해준다. 뿐만 아니라 이 사실을 통해서 우리는 기독교적 증거에 충실하고자 하는 본능도 목격한다. 또한 포스트모던 교회와 이머전트 교회의 언어와 대화를 통해서 오랫동안 서구 교회에 기여해 왔던 전통적 방법이 충돌하는 것을 본다. 지금은 기존의 교회와 교단에 속해 있는 많은 사람들이 미래를 확신하고 있지 않다.

동시에 점점 늘어나는 젊은 리더들은 기성 교회의 패턴을 내다버리고 있다. 그와 같은 급격한 변화가 정말 필요한가? 지금 목욕물을 버리면서 그 속에 있는 아기도 함께 버리고 있는 것은 아닐까?

개인적으로 나는 기존 회중들의 전통과 생활을 쉽게 버릴 수 없는 사람이다. 그러나 동시에 나는 많은 이머전트 리더들과 그들의 본능, 열정, 창의성에 친숙하다. 나는 전통적인 시스템은 전혀 쓸모가 없으며 완전히 새 것으로 바꾸어야 한다는 비판에 동의하지 않는다. 전통적인 것 가운데 상당수가 목적을 가지고 있다. 따라서 만일 우리가 지금 서 있는 자리에까지 이르는 동안 쌓아온 것들을 그리 쉽게 배척해 버린다면 큰 손실을 입게 될 것이다. 나는 '조직화된' 교회와 '유기체적' 교회를 양분하여 대립시키는 가짜 이분법이 실망스럽다. 이 책이 주장하는 것은 다음과 같다. 이머전트 교회와 리미널 교회는 서로를 필요로 한다. 그리고 서로에게서 배울 것이 많다. 우리가 기꺼이 더불어 노력한다면 성령님이 우리의 모든 전제와 입장, 전략보다 훨씬 더 큰 상상력을 주실 것이다. 그러나 함께 일하는 정신에 금이 간다면, 우리 모두가 함께 무너지고 말 것이다.

그런 이유로 이 책을 가지고 계속해서 미셔널 대화를 진행해 나가야 한다고 생각한다. 21세기의 벽두에서 우리 문화에 꼭 필요한 것이 무엇인지 고민한 끝에 많은 좋은 것들이 나오고 있다. 더불어 우리는 지금 우리를 여기까지 데려다 준 것 중에 최상의 것을 분별해서 단단하게 붙잡아야 한다. 지금은 이러한 운동들을 나누어 각자 제 길을 갈 때가 아니다. 지금은 모두가 하나로 뭉쳐 하나님이 우리를 어디로 인도해 나가시는가를 확인해야 하는 때이다. 그러므로 공부하는 학생으로서가 아니라 하나님이 우리를 함께 인도해 나가고 계시는 곳이 어디인지를 알아보는 여행의 동반자로서 이 책을 읽어 주기를 부탁한다. 만일 우리의 땅과 문화가 다시 선교 현장이 되어 있다면, 우리 모두 그 선교 현장에 나아가야 할 것이다. 지금이 다시금 우리 삶에 대한 하나님의 선교를 따르고 포용하여 예수 그리스도의 복음으로 우리 지역사회를 변화시켜야 할 때다.

제 **1** 부

방향 감각 상실

01 낯선 세계의 두 부족 **02** 만일 하늘이 무너지고 있다면? **03** 변화를 위한 모델 개발 **04** 변화의 5단계 **05** 불연속적 변화: 성경적 서사 **06** 경계성-과도기의 특성 **07** 경계성과 코뮤니타스 **08** 성경 속 경계성과 코뮤니타스 **09** 과도기와 문화

제1장
낯선 세계의 두 부족
Two Tribes In a Strange New World

영화 〈씨비스킷〉 Seabiscuit, 2003 의 첫 장면은 볼 때마다 사람을 끌어들이는 특별한 구석이 있다. 사실 아주 단순한 장면이다. 셔츠 소매를 보호하려고 앞치마를 하고 각반을 차고 있는 한 남자가 새로 문을 연 가게 바깥을 배회하고 있다. 그 가게 이름은 C. S. 하워드Howard 자전거 상점이다. 자전거도 팔고 수리도 해주는 아담한 가게다. 단지 문제가 하나 있다면, 찰스 하워드에게 손님이 전혀 오지 않는다는 것이다. 관람객들은 곧 찰스가 벤치에 앉아서 꾸벅꾸벅 조는 것을 보게 된다. 결코 찾아오지 않는 일거리를 기다리면서 말이다. 사람들은 스쳐 지나가고 마차들이 거리를 채우지만 이 포부 큰 창업자의 전문 기술에는 전혀 흥미가 없는 것 같다.

그러다가 돌연 찰스의 운명이 바뀐다. 한 사람이 자동차 후드 밑에서부터 김이 올라오고 있는 스탠리 자동차를 몰고 와서 차를 댄다. "증기가 새어 나오는군요. 고칠 수 있겠어요?" 그 운전자가 말한다. 찰스는 잠깐 생각하다가 자신 있게 말한다. "그럼요." 참으로 영화답게, 고무된 찰스는 그 신기한 새 기계를 수리할 뿐만 아니라 성능도 극적으로 높여 놓는다. 그 결과 찰스는 자전거 사업을 버리고 아주 성공적인 자동차 딜러가 된다.

나는 당신에 대해서 모른다. 그러나 이 장면에 당신을 연결시켜서 이야기할 수는 있다. 나는 자전거 수리점에서 일해 본 적은 없다. 그러나 하염없이 막막하게 앉아 있는 느낌이 무엇인지는 잘 알고 있다. 그리고 여러분도 그럴 것이다.

사실 오늘날 많은 크리스천 리더들이 일거리가 생기기를 기다리고 있는 자전거 수리점 주인들과 같은 심정이다. 모든 사람이 다 자전거를 타기 때문에 자전거 수리 분야에 잘 훈련된 전문가들이 많이 필요한 때가 있었다. 그러나 오늘날 일차적인 운송수단과 교통수단이 바뀌었다. 새로운 기계들이 우리 현관 앞에서 굴러다니며 우리 생활 속으로 깊숙이 들어왔다. 이 새로운 현실에 어떻게 대처해야 할지 우리로서는 전혀 알지 못한다. 많은 이들에게 이러한 현실은 혼란스럽고 절망스러운 현장이다.

시대의 변화는 새로운 전략을 요구한다

오늘날 교회의 리더인 우리도 마치 자전거를 수리하도록 훈련 받은 것과 같다. 많은 경우 그것이 우리가 할 줄 아는 것의 전부다. 우리는 그 일을 잘 하며, 우리가 들고 다니는 가방에는 그 업무를 감당할 때 필요한 특별한 도구들이 가득 차 있다. 우리 이름 뒤에는 우리의 숙련도를 입증해 주는 수식어들 대학교 졸업장, 신학교 졸업장, 박사 학위 등이 달려 있고, 입증된 전문가임을 증명해 주는 직함들도 붙어 있다. 그러나 문제는 더 이상 아무도 그런 것에 신경 쓰지 않는다는 것이다.

우리가 가지고 있는 틀은 현재 새롭게 부상하고 있는 문화와 단절되어 있는 듯하다. 우리의 말은 종종 낯선 외국어처럼 전해진다. 새로운 종류의 그리스도인과 선교 중심적인 일에 대한 책들을 읽기는 하지만, 정확히 무엇을 바꾸어야 하는지는 확신하지 못한다. 일종의 폭탄이 우리 마음속에서 터졌고 뭔가가 잘못되었다는 것을 인식하게 되었다. 하지만 그 점에 어떻게 대처해야 할지는 전혀 모르고 있다. 우리는 미셔널 방향 missional direction이 옳다고 느끼지만 그 도전에 맞서기에는 우리의 능력이 미약하다고 느낀다. 자전거에서 자동차로 뛰어오르기에는 그 차이가 너무 커 보인다.

이것이 바로 내가 "리미널리티"liminality 미리엄-웹스터 사전의 정의대로 하자면, "문지방에 있는 상태, 혹은 어떤 과정의 시작에 있는 상태"라고 부르는 경험이다.1)

한편, 우리 가운데 있는 다른 리더들은 또 다른 변화를 이끌어 내어야 한다는 압박을 겪고 있다. 이 사람들은 오직 변화밖에 모른다. 의미와 통제 및 권력에 대한 내부의 싸움에 지쳐서, 기존 교회의 구조들을 다 포기했다. 그리고 기존 교회 구조들이 제도적institutional이며, 케케묵었고 오늘날의 포스트모던 문화의 여러 요구에 부응하지 못한다고 믿고 있다.2)

이 사람들 중에 많은 이들이 리더로 인정받기 위해서 더 이상 교단이라는 틀을 통과하려고 하지 않는다. 그들은 그와 같은 틀이 오늘날의 세계에서는 더 이상 의미가 없다고 믿는다. 그들에게 신학교 교육은 의심스러운 것이다. 어떤 이들은 신학교를 조롱하면서 "공동묘지"라고 부른다. 영어로 신학교는 Seminary이고, 묘지는 cemetery임 신학 교육은 아주 동떨어져 있고 추상적인 것처럼 보인다. 신학 교육은 학생들을 현실에서 완전히 동떨어진 상아탑에 몇 년 동안 가둬 놓고는, 결국 그 상아탑과는 전혀 관계가 없는 환경에서 봉사하도록 만든다는 것이다.

앞서 언급한 리미널 리더들처럼 이 이머전트 리더들 역시 혼란스럽고 당혹스러워하고 있다. 물론 이머전트 리더들이 새로운 종류의 교회를 세우기 위해서 오랫동안 노력을 기울이고 있지만, 자신들의 비전을 형성해 줄 가이드라인도, 틀도, 기량도 없음을 깨닫고 있다. 그런 현실을 목도하며 그들은 거의 습관처럼 이렇게 다짐한다. "우리가 지금 무엇을 하고 있는지 모르겠지만 한 가지는 확실하다. 우리는 한물 간 교단과 생명 없는 회중들을 모델로 하는 교회를 세우지는 않을 것이다."

집단주의의 문제

그러나 이 두 부족은 똑같은 신세계에서 살고 있으며, 똑같은 문화에 다가가려고 노력하고 있다. 그들은 마치 둘 사이에 높은 담장을 세워놓고서 같은 토요일 저녁에 각각 파티를 열어 같은 이웃들을 초대하려고 노력하는 것 같다. 여러 면에서 그들은 똑같은 것을 원하지만, 일단 서로의 차이점은 접어두고 비슷한 도전을 위한 동업조차 거절하고 있다.

이 책은 이 두 부족들이 직면하고 있는 도전의 보따리를 풀어놓고 둘 사이에 대화를 재개하려는 시도다. 사실상, 리미널과 이머전트, 이 두 부족간의 대화와 협조가 없이는 결코 하나님이 진정으로 원하시는 공동체를 식별해 낼 수 없다. 우리가 계속해서 "우리 대 그들"이라는 수사법을 사용한다면 하나님이 우리에게 명하신 새로운 공동체를 형성하기 위해서 필요한 적응 기술과 상상력을 놓치고 말 것이다. 왜냐하면 상대방이 그것들을 가지고 있기 때문이다.

사실 이 두 부족은 격변의 한가운데서 비슷한 미셔널 문제를 제기하고 있으며, 더욱이 상대편에게 도움을 줄 수도 있다. 문제는 어느 쪽도 상대방의 말을 경청하지 않으며, 대화를 하려고 하지 않는 것이다.

최근에 열린 한 콘퍼런스에서 그 모습이 아주 뚜렷하게 다가왔다. 한쪽 방에서는 800-900명의 젊은 리더 그룹이 티셔츠와 블루진을 입고 앉아 맥 컴퓨터로 블로깅을 하고 있었다. 그러는 동안 건너편 방에서는 1,400-1,500명의 리미널 그룹이 폴로Polo 셔츠에 다커Dockers 바지를 입고 로퍼일종의 슬리퍼 비슷한 뒤축 없는 신발를 신고, 자기 교회를 더욱 효율적으로 만드는 방법에 대한 강사의 강연을 받아 적고 있었다. 그것은 단순히 세대차가 아니었다. 각 그룹에는 다양한 연령층의 리더들이 있었다. 그들은 모두 똑같은 콘퍼런스에 참여하고 있었지만, 여전히 아무런 연관성이 없었다.

싫든 좋든 리미널의 멤버들은 하나님의 백성을 어떻게 형성하고 이끌어가야 하는지 수세대에 걸쳐 전수 받은 중요한 기술과 관습을 가지고 있다.3) 비록 몇몇 교단 체계가 최근 적실성을 상실하게 되었지만, 여전히 이러한 조직체들의 전통과 역사에는 오늘날 새롭게 등장하고 있는 교회에 꼭 필요한 것이 남아 있다.

마찬가지로, 이머전트 부족은 놀라운 상상력과 소망이라는 특징을 지니고 있다. 이 사람들은 새로운 종류의 교회를 내다보면서 기꺼이 커다란 모험을 감행한다. 그들은 용감하고 열정적이다. 그들은 하나님의 미셔널 삶God's missional life을 체험하기를 고대하고 있다. 그러나 제도권 교회의 요소들을 모두 내다버리다가 부지불식간에 그들이 전진할 수 있도록 도와줄 중요한 기억들도 내다버릴 수 있다는 위험성이 있다. 엄청나게 많은 사람들이 자동차를 새로 개발해 내고 있지만, 즉 스스로를 규정하는 새로운 틀을 만들어 내기 위해서 열심히 노력하고 있지만, 정작 그 속을 들여다보면 그들이 맹렬하게 비난했던 제도권 교회의 틀과 실수들을 재생산하고 있을 뿐이다.

우리는 상대 부족이 우리에게 필요한 재능을 갖추고 있다는 것을 인정해야 한다. 각자는 우리 모두가 경험하고 있는 변화의 성격을 이해하기 위해서 상대를 필요로 한다. 리미널은 이머전트의 상상력과 비판적인 평가, 피드백, 거룩한 부지런함이라는 재능에서 도움을 받을 수 있다. 이머전트는 리미널의 학교 교육과 제자도를 통해 전수 받은 역사와 전통, 습관과 능력 및 토대를 이루는 신학에서 도움을 받을 수 있다.

그들은 상대방의 장점이 필요할 뿐 아니라, 자신의 힘만으로는 현실을 이끌어나갈 만한 틀과 역량과 기술이 부족하다. 그들 모두에게 멘토가 결여되어 있다. 각 부족에게 현재 필요한 일은 지금 우리 문화 가운데 조우하고 있는 변화의 성격을 이해하고, 그러한 변화에 부응할 능력 있는 리더들을 개발하는 방법을 배워나가기 위해 서로의 지혜를 끌어내는 일이다.

거기에 이 책의 두 번째 목적이 있다. 다음 장들은 그 변화 과정 자체를 통과해 나가도록 리더들에게 가이드를 제공해 줄 것이다.

리미널에 속하든 이머전트에 속하든, 아니면 그 둘 사이의 어느 중간에 속하든그 둘 사이를 명확하게 가른다는 것은 사실 불가능하다. 우리는 변화의 성격을 좀더 심도 있게 이해하고, 변화의 단계들을, 우리 세계에 하나님이 신성하게 개입하시는 것이라고 수용하는 태도를 배워야 한다. 우리 문화에서 일어나고 있는 변화들을 이해할 수 있는 언어가 없다면 어쩔 수 없이 우리는 상황에 압도될 것이며 심지어 절망할 것이다.

소수의 리더들, 각 부족의 엘리트들은 언제나 어떤 상황에서도 빛나게 되어 있다. 그들은 기회가 있을 때마다 등장하고 자기들의 방식을 개발해 나갈 것이다. 그러나 각 부족에 속한 대다수는 이 신세계를 이끌어 나갈 틀과 기술들을 발견하고 개발할 길을 모색해야 한다. 그렇게 하지 않는다면 리미널은 낙심하고 냉소적이 될 것이다. 어떤 사람들은 교회를 그만두고 다른 일을 하면서 살아가고자 할 것이며, 또 어떤 사람들은 건강한 교회의 성장을 기약해 주는 최신 프로그램이나 뒤쫓아 다니는 옛 습관으로 되돌아갈 것이다. 혹자는 그저 포기하고 은퇴할 때까지 가만히 앉아 있을 것이다.

반면에, 이머전트는 전수해 줄 수 있는 습관들을 개발할 수 없기 때문에 사멸해 갈 것이다. 어떤 이들은 상처를 입고 낙심한 채 떠나갈 것이다. 어떤 이들은 이미 다른 사람들이 자기보다 먼저 시도한 것이라는 사실에 상관하지 않고 실험을 계속할 것이다. 또 어떤 이들은 새로운 직업을 찾아 나설 것이다.

　우리에게는 우리의 여정을 지도해 줄 표지판과 지도자들이 필요하다. 그러나 어떤 여행 지도를 보든 첫 단계는 현재 우리가 어디에 있는지 확인하는 것이다. 대안을 개발하기 전에 현재 우리의 경험을 형성해 나가고 있는 변화의 힘, 변화의 세력들 - 지금까지 너무나 거대해 보여 감히 무엇이라고 이름 붙일 수 없었던 이 힘들 - 에 대한 통찰이 있어야 한다. 이 책은 리더들에게 이러한 변화들을 명명하고 이해할 수 있게 해주는 실용적인 틀을 제공하려고 노력하고 있다.

두 대화

나는 최근에 나누었던 두 대화를 통해서 리미널과 이머전트가 살아가고 있는 다양한 세계에 대해 심각하게 의식하게 되었다.

　오스트레일리아의 애들레이드Adelaide에서 콘퍼런스를 마친 후 한 레스토랑에서 20-30명의 리더들과 식사를 하던 중이었다. 그들의 생활과 교회에서 일어나고 있는 일에 그들이 어떤 식으로 대처하고 있는지 재미있게 듣고 있었다. 마침내 그때까지의 모든 이야기를 종합해 주는 질문이 나왔다. "목사님은 급격하고 불연속적으로 일어나는 변화 가운데에서 어떻게 성령의 인도하심에 귀 기울입니까?"

　대화를 나누면서 그 세대가 직면하고 있는 진정한 문제는 어떤 변화에 집중해야 할지 분별하는 것이라고 확신했다. 산발적이며 불규칙적인 변화가 정상으로 받아들여지면 모든 변화를 일률적으로 똑같이 취급하려는 유혹을 받게 된다. 그리고 그 변화를 진지하게 취급하지 않고 모든 것을 혁신으로만 보려는 경향이 생긴다. 이것은 분별과 판단의 문제다. 즉, 어떻게 변화를 평가하느냐 하는 문제이며, 혹은 그 변화가 집중할 만한 것이라는 판단을 내리기에 충분한 시간은 어느 정도이냐 하는 문제다.

또 하나의 대화는 40대 후반에 들어선 한 대형 교회 리더와 나눈 것이었다. 우리는 다른 교회 리더들 몇 명과 함께 점심 식사를 하면서 교회들의 새로운 연합 사역에 대해 이야기를 나누었다. 그 대형 교회 리더는 식탁에 둘러 앉아 있는 다른 교단 지도자들에게 함께 일하는 유익에 대해, 그리고 앞으로 자기 교회에 무슨 유익이 있을지에 대해 명확하게 말해 달라는 요청을 받았다. 그는 자기 교회의 화려한 성장과 새로운 커피숍을 갖춘 거대한 입구, 드라마 중심의 구도자 예배, 현대 음악, 어떻게 삶을 살아가야 하는가에 대한 느긋하며 대결적이지 않은 설교에 대해 이야기했다. 그렇지만 이토록 좋은 전략에 따라 운영되고 있는 조직에 뭔가가 빠져 있었다.

우리 모임이 거의 끝날 무렵에 또 한 사람이 다가와서 이 새로운 계획에서 빠지고 싶다고 말했다. 나는 할 수 있는 한 간단하게 설명했다. "만일 당신이 지금 하고 있는 일에 대해 근본적인 물음을 갖지 않는다면, 지금으로부터 5년 뒤에도 지금과 똑같이 하고 있을 것입니다. 지금 당장, 그리고 다음 주에도, 다음 달에도, 우리가 제기해야 할 문제는 평생 동안 헌신적인 그리스도인으로 사는 사람들을 만드는 데 있습니다."

며칠 뒤에 나는 바로 그 목사와 함께 한 커피숍 바에 앉았다. 그는 자기 마음속에 있는 불안과 동요에 대해 설명했다. 그가 이렇게 말했다. "우리는 지난 몇 년 동안 이 일을 이루기 위해서 우리의 삶을 다 바쳤습니다. 우리는 우리가 원하는 것이 무엇인지를 알았으며, 우리가 어디로 가고 있는지를 알고 있었습니다. 그런데 몇 달 전 내가 주일 설교단에 섰을 때, 크게 깨달은 것이 있었습니다. 나는 '이게 아닌데.'라고 느꼈습니다. 내 마음 속 깊은 곳에서 우리가 지금 와 있는 자리가 하나님 나라를 향한 것이 아니라는 사실을 인지했습니다. 그런데 앞으로는 어떻게 해야 할지 모르겠습니다!"

이 두 대화-하나는 이머전트와 다른 하나는 리미널과 나눈 것-모두 지속적이면서 불규칙적으로 일어나고 있는 변화에 두 그룹 모두 매우 다른 방식으로 대처해야 한다는 도전에 직면하고 있었다. 문제의 핵심은 이것이다. 이처럼 끊임없이 변화하는 세상 속에서 그리스도의 교회는 어떤 모습으로 존재해야 하는가?

성찰과 적용

1. 리미널-이머전트 스펙트럼 중에서 당신은 어디에 속한다고 보는가? 당신의 교회는 어떤가? 당신 자신과 당신의 교회는 어떤 능력을 제공할 수 있는가? 당신 교회의 교인들은 리미널과 이머전트 중 어디에 속하는가? 당신은 그들과 함께 당신 교회의 현재와 미래의 모습에 관해, 또한 기독교 문화권이 새로운 형태의 선교지로 바뀌고 있는 상황에 대처하는 방법에 관해 어떻게 논의할 수 있겠는가?

2. 당신이 속해 있는 지역사회에서 다른 교회나 그룹은 리미널-이머전트 스펙트럼에서 어디에 속해 있다고 보는가? 그 교회나 그룹들과 함께 이러한 문제들을 토론할 수 있는 모임이 이미 존재하는가, 아니면 새롭게 만들어야 하는가? 당신 지역에 있는 여러 교회와 그런 토론을 하기 위해 필요한 실천 사항과 아이디어들을 열거해 보라.

3. 당신의 교회에 가장 필요한 것이 무엇이라고 느끼는가? 교리와 실천 혹은 조직에 뿌리를 내리고 자리 잡는 것인가? 아니면 변화하는 문화에 민감하게 반응하며 여러 방면으로 지역사회에 접근할 새로운 방법들인가? 교회나 지역사회에서 이런 일을 배울 수 있는 사람은 누구인가? 만일 당신이 먼저 그 사람들에게서 배우고자 하는 관심을 보인다면 그 사람들도 당신이 제공할 내용에 더 관심을 보일 것이다. 당신은 이러한 원리를 활용해서 당신의 지역사회 내 여러 다른 교회 및 교단들과 대화 모임을 만들고 관계를 형성할 수 있겠는가?

4. 미셔널 대화를 불러일으킨 문화의 변화가 당신의 지역사회에서는 구체적으로 어떻게 영향을 끼치고 있다고 보는가? 당신의 지역사회의 정신은 대부분 여전히 기독교적인가? 아니면 좀 다르게 변했는가? 이러한 변화가 무엇 때문에 일어났다고 생각하는가? 예수 그리스도의 복음이 당신의 지역사회에 어떤 관련이 있어야 한다고 보는가?

제2장
만일 하늘이 무너지고 있다면?
But What If the Sky Is Falling?

어린이들은 〈치킨 리틀〉 Chicken Little 이야기를 잘 알 것이다. 도토리 하나가 치킨 리틀의 머리 위에 떨어지자, 그 병아리는 기겁을 하면서 이렇게 외친다. "하늘이 무너지고 있다! 하늘이 무너지고 있다! 왕에게 가서 알려야 해!"

그런 다음 그 치킨 리틀은 왕궁을 향해 달려가면서 도중에 만난 모든 이들에게 자기가 당한 그 절망스러운 일에 대해 이야기한다. 곧이어 다른 동물 친구 무리가 치킨 리틀과 똑같이 겁에 질려 달려간다. 실제로 그 무리는 혼비백산해서 여우 한 마리가 나타나서 지름길을 가르쳐 주겠다고 약속하자 어리석게도 그 여우를 쫓아간다. 그 무리는 그 여우가 자기 우리로, 그리고 거의 확실한 죽음으로 자기들을 인도하고 있다는 사실을 깨닫지 못한다.

이 이야기는 우리가 변화에 대응하면서 종종 부딪히는 어려움 중 하나를 부각시켜 준다. 그 어려움은 실제로 무슨 일이 일어나고 있는지 명확하게 인식하는 일이다. 단지 한두 개의 도토리가 떨어진 것뿐인가, 아니면 세상이 바뀌고 있다는 전조인가? 우리가 접하고 있는 변화를 어떻게 인식하고 이해하느냐에 따라 변화에 대한 우리의 반응도 달라질 것이다.

치킨 리틀 이야기는 100년의 역사를 가진 교회로 막 부임한 한 목회자를 생각나게 한다. 그 신임 목사가 교회에 왔을 때 장로 중 한 사람이 그 목사를 옆으로 데리고 가서 다정하게 충고를 해주었다. "심방을 좀더 자주 하고 프로그램을 몇 개 더 하면, 교회는 20년 전으로 돌아갈 수 있을 것입니다." 이 충고는 편안하고 통제 가능하며 예측 가능한 변화, 즉 '연속적 변화'를 호소하는 것이었다. 마치 머리 위에 떨어진 도토리 한 개처럼, 그 장로는 신임 목사의 머리를 때리면서 변화가 필요하다는 사실을 제안하며 몇 가지 작은 것만 조정하면 교회가 이전의 영광을 회복시킬 수 있을 것이라고 제시했다.

'연속적 변화'는 편안한 변화이다. 그 변화는 우리가 이전에 갖고 있던 이해에 부합한다. 이 교회의 경우 그 장로는 자기 교회에 뭔가 변화가 일어났다는 점을 감지하기는 했지만, 여기저기 손을 좀 보고 조정을 하면 교회가 이전의 영광을 되찾을 수 있으리라 확신했다. 그는 자신에게 생계를 유지할 직장을 보장해 주고 해마다 거의 일정하게 지낼 수 있는 생활 패턴을 제공해 주었던 세계에서 형성된 경험을 토대로 이렇게 확신했을 것이다. 변화는 단순했으며, 천천히 다가왔다. 그러므로 더 좋은 목표를 세운다면 그 변화를 관리하고 통제할 수 있으리라는 생각이다.

연속적 변화가 우리 머리 위에 떨어진 단 한 개의 도토리와 같다면, 이와는 대조적으로, '불연속적 변화'discontinuous change는 도토리가 왕창 쏟아져 내리는 것과 같다. 그 변화를 식별할 만한 패턴이 전혀 없기 때문에, 그 공격은 마치 사방팔방에서 이루어지는 것처럼 보인다. 불연속적 변화는 말 그대로 하늘이 무너지고 있는 것 같은 느낌이 들게 한다. 그 변화는 엄청나서 우리의 신체적, 정신적, 영적 자원을 소진시킨다. 우리는 삶의 한두 분야에서 일어나는 변화에 적응하는 데는 성공할 수 있지만, 전반적으로 일어나는 불연속적 변화에는 그 모든 변화에 동시에 대처해야 한다. 더욱이 이러한 변화들은 서로 중첩되어 있어서, 어느 변화에 더 집중해야 하는지, 다음에 오는 변화가 무엇인지 예측하기는 훨씬 더 어렵다.

지난 50년 동안 서구 사회가 급격한 과도기를 통과하고 있다는 사실은 더 이상 비밀이 아니다. 게다가 최근 들어서 그 과정이 가속화된 것처럼 보인다. 우리에게 닥쳐온 변화의 수는 마치 산 위에서 굴러 내려오는 눈덩이처럼 불어나고 있는 것 같다. 우리는 더 이상 평생을 보장해 주는 세상에 살고 있지 않다. 분명히 보장할 수 있는 사실은 오늘도 예견할 수 없는 변화가 일어나고 있는 현실이다. 이 새로운 현실은 교회 안에 있는 사람들만이 아니라 사회 모든 사람들에게 영향을 미치고 있다. 우리 사회 전체는 불연속적 변화로 가득 찬 종잡기 어려운 세계와 씨름하고 있다.

찰스 핸디는 『헝그리 정신』생각의 나무, 2002에서 우리 시대를 "비이성의 시대"the age of unreason라고 부르고, 이 변화가 우리 사회에 주고 있는 영향을 다음과 같이 정리했다.

- 일하는 성인의 42퍼센트가 하루가 끝나면 완전 소진되었다고 느낀다.
- 일하는 성인의 69퍼센트는 좀더 여유 있는 생활을 원한다.
- 부모들이 자녀들과 보내는 시간은 30년 전보다 46퍼센트 줄었다.
- 지난 20년간 총 소비는 45퍼센트 성장했지만, 사회건강지표에 따른 삶의 질은 41퍼센트 하락했다.
- 현재 겨우 21퍼센트의 젊은이들만이 자신들이 앞으로 '멋진 생활'을 누리게 될 것이라고 생각한다. 20년 전에는 41퍼센트가 그렇게 생각했다.[4]

일반적으로 사람들이 이전 세대보다, 또는 나이가 들면서 더 많은 수입을 벌어들일 것이며, '괜찮은 생활'을 할 것이라고 기대하는 시절은 거의 사라져 버렸다. 교육과 사회적 지위는 더 이상 자기 부모나 조부모 세대보다 더 잘 살 것을 보장해 주지 않는다. 특히 새로 성장하고 있는 세대에게는 더욱 그렇다.

세계화의 결과 많은 사람들이 더 많은 시간 일할 것을 강요 받는다. 사람들이 점점 더 나은 급료를 받고 더 좋은 생활좋은 차를 한두 대 갖고 부촌에 집을 소유하고 어디든 여행하고 뭐든 원하는 대로 살 수 있는 생활을 할 거라 기대할 수 있던 시절은 지나갔다.

사회학자 울리히 벡Ulrich Beck은 현재의 문화를 "위험 사회"risk society라고 정의한다. 『성찰적 근대화』한울, 1998에서 울리히 벡은 이렇게 말한다.

오늘날 사람들은 봉건적이며 종교적인 초월적 가치관의 사회에서 산업화된 사회로 '해방된' 것이 아니라 오히려 산업화된 사회에서 전지구적 혼란 가운데로 방사되고 있다. 현재 사람들은 전 세계적이면서도 개인적인 광범위한 위험과 더불어 살아가야 한다.5)

울리히 벡은 『적이 사라진 민주주의』*Democracy Without Enemies* 에서 이러한 종류의 환경에서 장기적으로 살아가는 삶이 끼치는 장기적 영향을 이렇게 기술했다.

많은 사람들이 자기 삶과 복지가 위협 당하고 있다고 생각하고 있음을 여러 연구 결과가 보여 준다. 그것은 불확실성에 대한 전반적인 느낌이다. 이 일은 대규모로 일어나고 있다. 실업失業과 해고 위협의 차이가 점점 무색해지고 있다.6)

벡은 계속해서 이 위험 사회를 탄생시킨 변화들을 다음과 같이 약술한다.7)

1940-1960년대	과거에 이룩한 업적이 다시 붕괴될 수 있다는 두려움에 싸여 파괴된 세계를 재건함. 고전적 덕목: 희생, 자기부인, 근면성, 복종과 이타적 삶
1940-1960년대	영원한 번영에 대한 단기간의 꿈이 성행함. 상당히 많은 사람들이 경제적 풍요를 누림. 개인적인 자유와 권리가 가장 중요함. 이 과도함의 부작용(환경 위기, 개인주의화)은 일차적인 근대성의 토대에 의문을 제기함. 변화된 덕목: 자기중심, 탐욕, 욕구, 동질의 사회, 자기실현, 권리의 정치

1990-2000년대	급격한 불안으로의 회귀와 더불어 '지구촌적인 위험 사회'가 도래함. 후기 근대성의 위기를 해소해 줄 수 있는 제도들에 대한 신뢰가 흔들리고 사라지기 시작함. 사람들이 방황함. 의존할 수 있는 모든 것은 개인적인 전기(biography)와 소규모의 친구들뿐임.

반면에 영국의 신학자 그레이엄 워드Graham Ward는 우리의 현대적 상황을 "문화적 원자론"이라는 말로 설명한다. 우리는 우리 삶의 의미를 점차적으로 지탱해 줄 것이라고 가정하고 있는 상업주의적 이미지와 이벤트를 중심으로 구성된 덧없는 소비주의 세계 가운데서 살고 있다.

이 새로운 도시 가운데는 독특한 장소들에 대한 생각이 정처 없는 바다 가운데 편만히 흩어져 있어서 … 언제나 단독적인 인간 주체, 단자적monadic인 소비자로 이끌어 간다…. 지역사회와 사회적 참여는 이 공유된 감정의 순간으로 집약된다…. 도시들은 이미지와 연관되어 있으며 문화적으로 자의식적인 기호의 도시들이다. 포스트모던 사회에서 우리는 공동체적 감정의 의식을 가진 개인주의를 넘어 서서 새로운 "미적 패러다임"으로 진행해 간다. 그 패러다임 가운데서 대중은 일시적인 감정의 공동체들 가운데서 함께 모인다. 이러한 공동체들은 황홀함과 감정이입 및 효과적인 직접성의 강력한 순간들을 경험하는 유동적인 "포스트모던 부족들"로 간주되어야 한다.[8]

그래서 의문이 생긴다. 그러한 변화의 한가운데에서 하나님의 공동체를 이끌어나간다는 것은 무슨 의미인가? 리미널이든 이머전트든, 어떤 종류의 사회 공동체를 이끌든, 한 가지는 분명하다. 그 일은 이 새로운 현실을 이해하기 위해 노력하고 있는 사람들로 이루어진다는 것이다.

불연속적 변화의 효과

리미널에게 있어서, 그들을 형성시켜 준 세계는 사라져가고 있다. 이전의 세계에 대한 기억을 거의, 혹은 전혀 지니고 있지 않은 이머전트에게 불연속적 변화는 자기들이 만들어내는 것은 무엇이든지 이전보다는 나을 것이라는 생각을 하게 만든다. 리미널은 안정적이었던 때를 기억하고 고대하지만, 이머전트는 변화의 순간을 축하한다. 그러나 동시에 많은 사람은 과연 연속성과 안정이 존재할 수 있을지 의심한다.

한 친구가 생각난다. 그 친구는 최근 박사학위를 받은 젊은 친구다. 그녀는 정교수 자리를 보장해 줄 자리를 찾는 대신에 북미 여러 곳에 있는 세 대학교와 계약을 맺고 가르치게 되었다. 그녀는 자기의 스케줄에 따라 여행을 하고 글을 쓰고 연구를 한다. 그리고 때때로 간단한 과목을 가르친다. 그녀가 출간한 기고문의 목록은 늘어나고 있다. 그리고 많은 면에서 그녀는 변화와 혁신으로 이루어진 자기의 삶을 향유하고 있는 것처럼 보인다. 그렇지만 여전히 조용한 시간이 찾아오면, 그녀는 어째서 자기가 자기 나이 또래의 남자들과 깊이 사귀기 힘든지 의아해한다. 그녀는 그런 깊은 관계 가운데서 살기 원한다. 자녀들도 기르면서 다른 사람들과 긴밀하고도 헌신적 관계를 누리기를 원한다. 그렇지만 그것은 이루어질 수 없는 꿈처럼 보인다. 이렇게 변화무쌍한 상황 속에서는 뿌리를 내리고 어딘가에 속한다는 게 가능한 일인가? 관계를 느슨하게 유지하고 장기적인 관계를 맺지 않는 것이 유일한 답이 아닐까?

불확실성의 시대 이끌어나가기

한 사람이 이끌어나가는 사회 공동체에는 어떠한 형태의 공동체든지 간에, 즉 그것이 리미널 공동체이든 이머전트 공동체이든 상관없이 새로운 변화를 이해하려고 노력하는 사람들이 있다. 리미널과 이머전트는 그들 주변에서 일어나고 있는 모든 변화에 대해 다르게 반응한다. 그들은 서로 다른 질문들을 던진다.

리미널은 이렇게 묻는다. "많은 사람들이 교회가 안정적이던 과거로 복귀하기를 바라고, 또 어떤 사람들은 정반대의 장래를 바라고 있는 이 변화의 시기에 우리가 어떻게 교회와 교단을 이끌어갈 것인가?"

이머전트는 이렇게 묻는다. "혼란스럽고 소용돌이치는 '위험 사회'에서 살아남기 위해 투쟁하고 있는 사람들 가운데 예수님의 미셔널 공동체를 개발하려면 어떤 능숙함과 자원을 지녀야 하는가?"

이 질문들은 전략과 전술에 관한 것이 아니다. 우리가 경험하고 있는 모든 변화들에 대처해야 할 내적 반응에 관한 질문들이다. 우리가 어느 쪽에 속해 있든지 간에, 이러한 내적 반응들은 변화의 와중에서 우리의 행동과 선택을 이끌어가는 실질적인 역할을 한다. 만일 효과적으로 미셔널 교회들을 이룩하고자 한다면, 그러한 내적 반응들이 무엇에 대한 것이며 어디에서 나오는 것인지를 이해할 필요가 있다.

조셉 마이어스는 *The Search to Belong: Rethinking Intimacy, Community, and Small Group* 소속 추구: 친밀성, 공동체, 소그룹에 대한 재고에서 이머전트 운동을 형성하고 있는 문제의식들을 이렇게 지적했다.

만일 이머전트 교회가 반드시 새롭게 씨름해야 할 질문이 있다면, 그것은 "누가 나의 이웃인가?"이다. 누구에게 속하는가? 내가 누구를 책임 지고 있는가? 누가 나를 책임 지고 있는가? 내가 어떻게 사람들의 삶 가운데서 소속과 공동체에 대한 건강한 경험을 형성하도록 그들을 도울 수 있는가?9)

그러나 흥미로운 것은 우리가 그와 같은 불연속적 변화의 영향을 경험하는 첫 번째 사회가 아니라는 점이다.

세계는 바뀌고 있다

시소가 움직이는 이미지는 서구 사회에 어울리는 은유다. 서구 사회가 지난 50년 동안 급격한 과도기를 거쳐 왔다는 사실과 이 과정이 가속화되고 있다는 사실에는 의견이 일치하고 있다. 다시 말해서 불연속적 변화가 사라지지 않고 있다.

15세기 유럽은 지금 우리가 겪고 있는 변화처럼 심원하고 혼란스러우며 어지러운 변화의 시기를 겪고 있었다. 그 시기에 교회는 우리가 지금 "근대기"라고 부르는 새로운 문화와의 관계 속에서 많은 변화를 겪었다.

예를 들어, 프랑스에서 그리고 정도는 미약하지만 영국에서 문화의 중심을 차지하던 교회는 권세를 잃었다. 교회는 정치와 문화, 지적 생활, 사회 윤리에 대한 통제를 상실했다. 이 변화는 점진적으로 일어났지만, 기하급수적으로 번졌다. 프랑스는 세속적인 사회가 되었다. 반면 영국은 그 중심에 기독교 생활의 상징과 형태를 유지하기는 했지만, 사회에 끼치는 영향력은 상실했다.

기독교가 개인의 종교적 열정에 관여하지 않으며 국가나 학계에서 특별히 필요한 경우를 제외하고는 공식 석상에서는 기독교를 배제한다는 암묵적인 동의가 있었다. 이 동의는 최근 테크놀로지 및 커뮤니케이션의 발전을 통해서 기존과는 다른 방식이나 개인의 종교적 선택권을 허용할 때까지 계속되었다.

북미에서는 사태가 약간 다르게 발전했다. 거의 처음부터 미국은 교회와 국가가 엄격히 분리되어 있었다. 그러나 실제 이 분리는 유지되기 어려웠다. 국가 발전의 신화들은 기독교적 상징과 이미지로 가득 차 있어서 예를 들어, "산 위의 도시," "선택된 나라," "명백한 운명," "하나님 아래서의 한 나라" 등 많은 미국인들의 마음에서 하나님과 국가, 교회와 국가, 신앙과 국민 사이의 구분이 거의 없다. 이러한 개념들은 개별적이지만, 따로 발견되는 일은 거의 드물다.

미국의 종교사는 국가의 역사 및 사회 형성에 깊은 영향을 받았다. 20세기 중반에 이루어진 대규모적인 교외전원도시화suburbanization가 시작되면서 깊은 확신이 생겨났는데 특히 백인 개신교 교회들 가운데서 그것은 개인주의와 경제 기회가 기독교적 생활을 가장 잘 표출한다는 것이다. 복음과 기독교 제자도가 이와 같이 상당히 개인주의적이며, 소비지향적이고 전원도시적인 용어로 표출된 것이다. 교회는 비슷한 가치관을 가진 사람들을 끌어 모으게 되었다. 물론 이러한 성향이 리미널 교회 가운데에서 가장 현저하게 지속될 것으로 여겨지기는 하지만, 사실 두 집단 모두 똑같이 자기만족에 빠질 가능성이 있다.

리미널 교회의 성향은 다른 리미널들을 열심히 끌어 모으는 데 있다.

그 사람들은 모든 것이 일정하게 유지되는 '안정된' 교회를 원한다. 종종 그렇게 해서 이룩되는 것은 하나님 나라의 전초 부대가 아니라 사회 경제 집단의 게토다. 그러는 동안에 이머전트 교회는 자기에게만 집중하며, 새로운 것만 찾는 크리스천들의 모임을 이룬다. 이 경우, 급격한 변화는 홍보 전략이 된다. 주저하거나 어떤 전통을 지나치고 끈덕지게 고수하는 사람들은 즉시 도태된다.

문제는, 두 집단이 자기들만 불연속적 변화에 대처하기 위해 씨름하고 있으며 다른 그룹은 그 일에 전혀 관심이 없다고 믿는 것이다. 그렇지만 이것은 사실이 아니다. 리미널이든 이머전트든, 우리는 모두 새로운 자리에 와 있다. 우리는 모두 개척자들이다. 이 새로운 상황의 이름이 무엇인가? 그것은 바로 과도기 transition 라는 것이다.

우리는 함께 이 낯선 신세계에서 하나님의 백성이 어떤 모습으로 존재해야 할지 그 방법을 찾아야 한다. 우리는 모두 선택이나 준비 없이 싫든 좋든 이 과도기에 직면했다. 이 새로운 세계에서 살아가는 법을 탐구해 나가야 한다. 미셔널 리더십의 실천적 문제에 두 부족을 모두 참여시켜야 한다. 어떻게 해야 하나님의 소명에 충성하면서 이 모든 변화에 대처할 수 있는 모델을 개발할 수 있을 것인가? 어떻게 해야 우리는 하나님이 예수님을 통해 창조 만물을 초청하고 계시는 그곳을 드러내고 상징할 수 있는가?

성찰과 적용

1. 지난해에 당신 삶이나 당신 가족에게 불연속적 변화가 얼마나 영향을 주었는가? 그 변화의 와중에서 당신은 무엇을 느꼈는가? 그 변화가 당신의 삶에 어떤 영향을 주었는가? 만일 그 변화가 오늘 일어난다면, 그 변화를 어떻게 다루겠는가?

2. 작년에 당신의 교회에서 불연속적 변화들을 목격했는가? 당신과 리더십 팀은 그때 그 변화에 어떻게 대처했는가? 오늘 그런 일이 일어난다면 현재 당신이 알고 있는 지식을 통해서 다르게 대처할 수 있겠는가?

3. 당신과 당신의 교회가 경험한 이 새로운 "위험 사회"의 자취들을 목도하고 있는가? 이러한 변화들이 당신의 지역사회에 어떻게 영향을 끼치고 있는가?

4. 당신은 이 "위험 사회"가 성경 원리와 복음에 어떻게 상호작용하고 있다고 보는가? 그 점은 이 메시지를 당신의 지역사회와 이웃들에게 얼마나 적절하게 연결해 주고 있는가? 당신의 교회가 복음을 제시하는 방식에 있어서 어떤 변화가 필요하다고 보는가?

5. 당신은 소비 중심의 사회가 지향하는 목표가 예수 그리스도의 복음이 지향하는 목표와 어떻게 다르다고 보는가? 어느 점에서 같으며, 어느 점에서 다른가? 하나님의 변혁의 진리들을 가지고 우리 문화에 다시금 나아가고자 하는 미셔널 운동이 영적으로 성장하고 하나님과 관계를 형성하라는 예수님의 부르심을 실천하려면 어떻게 해야겠는가?

제3장
변화를 위한 모델 개발
Developing a Model for Change

실제로 포스트모더니즘은 일시적인 유행이 아니다. 당신이 인정하든 하지 않든 당신은 포스트모던 세계에서 살고 있다. 당신이 그렇지 않은 척할 수 있는 요소는 전혀 없다. 세상이 30년 전으로 되돌아가기를 바란다 해도 소용없다. 물론 이 모든 것이 교회에 무슨 의미가 있는지를 결정하고, 어떻게 전진할지 아는 것이 우리의 과제이다.

스펜서 버크Spencer Burke, *Making Sense of Church* 교회를 이해하는 일10)

만일 종교개혁 이래 서구 기독교의 기본 논리에 대한 내 생각이 맞는다면, 근대 기독교의 핵심에는 "조직화된 종교"에 대한 혐오가 깔려 있다. 그것은 사도적 증거라는 구체적이며 특정한 형태의 증거와 더불어서 친밀감이 필요한 요구 사항들을 저 멀리 밀쳐두는 습관이다.

리노R. R. Reno, *In the Ruins of the Church* 교회의 폐허 속에서11)

30대 초반의 두 여성이 저녁 식탁에 마주 앉아서 교회에서 겪은 일에 대해 이야기를 나누고 있었다. 한 여성은 자기가 일하던 교회의 담임 목사가 자기에게 교회를 떠나 달라고 말한 일을 고통스럽게 토로했다. 그 이유는 자기가 대학생 그룹과 토론하면서 몇몇 포스트모던 저자들을 다루었기 때문이었다. 다른 한 여성은 회중석이 장의자로 되어 있고, 설교와 찬송, 광고로 이루어진 옛날식의 교회에는 더 이상 출석하지 않는다고 말했다. 그녀는 친구 몇몇과 함께 두 주에 한 차례씩 맥주 집에 모여서 신학에 대해 토론하고 성경을 읽으며, 맥주와 빵을 가지고 성찬식을 한다고 말했다.

  전에 담임 목회를 하던 교회에 출석하던 부부를 우연히 만난 적이 있다. 그들은 새로운 교회를 찾고 있다고 말했다. 자녀들이 어떤 교회에서 주최한 여름 캠프에서 돌아왔는데, 캠프를 주최했던 그 교회의 청소년부에 참석하기를 원했다는 것이다. 그래서 지금은 그들의 개인적인 필요에 부합하는 새로운 교회를 찾기 위해서 그 마을에 있는 여러 교회들을 탐방 중이라고 했다.

  이 두 이야기는 교회가 경험하고 있는 세계가 변모하고 있음을 생생하게 보여 주는 이야기들이다. 그들이 말하고 있는 교회와 교회 리더, 그들 각자는 거대하고 끝이 없는 의문들로 가득 찬 '변화'의 일부분이다. 이와 같이 다양한 경험들을 가장 잘 묘사해 주는 단어는 '불확실성' uncertainty이라고 생각한다.

  최근 나는 내 동생이 봉사하고 있는 도심지의 한 성공회 교회를 방문했다. 그날 아침 기도를 인도하던 여성은 교인들 중에서 실직할 처지에 놓여 있는 사람들을 위해서 기도하자고 했다. 예배를 마치고 공항으로 가는 길에 세 사람과 동석을 했는데, 그들이 모두 실직 당했거나 직장을 바꾸어야 할 처지에 있었다. 리미널 가운데 이런 종류의 불확실성이 그들의 삶을 지배할 것이라고 예상한 사람은 거의 없다. 그들은 안정된 미래를 보장해 줄 안정된 직장을 기대하고, 지난해에 쌓아둔 것을 토대로 매년 꾸준히 성장해 나가길 기대한다. 그러나 오늘날의 경제 상황에서 이런 종류의 생활 패턴은 기대하기 힘들다.

이 시대의 대세는 불확실성이다. 불확실성이 우리의 일과 가정, 인간관계에 스며들어 있다. 또한 20세기 북미에 10년 이상 안정감과 영구성을 제공해 주었던 주요 제도와 기관들에 대한 믿음이 급격하게 사그라졌다. 신뢰와 진리, 정직의 원천이었던 정부, 의료, 교육, 법, 사업, 종교에 대한 사람들의 신뢰가 매우 낮아졌다. 우리가 사회 시스템 위에 건설했던 기둥들이 지금은 심각한 의구심을 자아내고 있다. 자신감이 충만했던 자리에 불확실함에 대한 만성적인 의식이 광범위하게 퍼져나가고 있다.

리더들은 다양한 측면에서 자신들이 낯설고 새로우며 위태로운 자리에 놓여 있음을 깨닫고 있다. 리미널은 이 불확실성을 '상실'이라고 느낀다. 점점 더 많은 사람들이 불확실함을 막기 위해서, 점점 더 공포스럽게 느껴지는 세계를 다루기 위해서 홈스쿨링을 하거나 공동체에 울타리를 치고 '전통적 가치들'로 회귀한다. 그들은 온갖 대가를 지불하고서라도 뒤로 물러나 벽을 쌓고 방어하는 것처럼 보인다. 동시에 다수의 이머전트는 불확실성과 소외를 다루기 위해 교회를 포함해서 우리의 토대를 이루고 있는 제도와 기관들을 해체한다. 그들은 자기 주변의 삶에 훨씬 더 적절한 것을 세워나가길 바라고 있다. 그들은 흘러간 과거에도 거리를 둔다. 그 과거는 자기들이 신뢰하기에는 무가치한 것이라고 여긴다. 그들에게 중요한 것은 우리가 어디에 있었느냐 하는 것이 아니라 우리가 어디로 갈 것인가 하는 것이다. 그들은 길을 막고 있는 것은 무엇이든 해체하면서 전진해 다음 지평 너머에 있는 새로운 약속의 땅을 발견하자고 외친다.

현재 우리가 처해 있는 이 불편한 상황, 이 세계를 뭐라고 이름 붙일 수 있겠는가? 이 세계는 '과도기의 세계'the world of transition다. 이 세계를 더 잘 이해하기 위해서 '변화'change와 '과도기'transition를 구분하고자 한다. 이 구분에 대해서는 나중에 좀더 자세하게 다루겠지만, 지금은 간단히 다음과 같이 제시하고자 한다.

 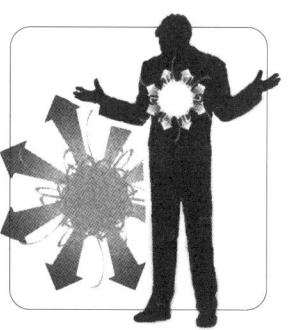

변화는 외부로부터 일어나는 일로, 대개 우리가 전혀 통제할 수 없다.

과도기는 우리가 겪는 변화에 대한 우리 내면의 반응으로, 우리가 어느 정도 통제력을 발휘할 수 있다.

변화와 과도기를 차별화하는 틀

현재 변화의 수준들은 그 자체만으로 볼 때 매우 파괴적이지만, 그 수준을 이해하려면 더 큰 틀이 필요하다. 그러한 변화 속에서 교회와 교단을 효과적으로 이끌기 위해서 리더들은 다음과 같은 일을 해야 한다.

- 변화와 과도기의 성격을 더 큰 틀에서 파악해야 한다. 변화와 과도기의 역동성에 대한 기본적인 파악이 되지 않으면, 리더들은 계속해서 혼란스럽고 소란스러운 변화에 떠밀려 지속적인 무질서 가운데 빠져들 것이다.
- 변화와 과도기가 자신들의 교회와 지역사회에 어떻게, 어느 면에서 역사하고 있는지를 확인해야 한다.
- 리더들은 사역 대상자들에게 변화를 이해시킬 수 있는 적합한 이미지와 말씀을 찾아내야 한다.
- 그 사람들의 경험을 성경 말씀과 연결하되, 하나님이 자신들의 세계에서 하실 수 있는 일에 대한 새로운 이해를 갖도록 초대하는 방식으로 연결하라.
- 사람들이 불연속적 변화 속에서 겪고 있는 일과 경험이 그리스도인으로서 그들의 삶을 어떻게 형성하는지에 관한 문제가 그들 사이의 화제가 되도록 하라.

한 가지 핵심적인 리더십 능력은, 이러한 변화와 과도기의 현상들에 대해 공동체 내에서 대화의 장을 형성하는 능력이다. 사람들은 대화를 나눔으로써 하나님이 이러한 경험을 통해서 우리 사명과 삶이 서로 맞아

떨어지도록 만들기 원하시는 것을 알게 된다. 그러기 위해서 리더들은 사람들의 불확실함과 소외감에 대한 해결책을 제시해야 한다는 의무감에서 벗어날 필요가 있다. 다시 말해서, 설교와 지시 대신에 대화와 경청을 해야 한다는 말이다. 사람들이 마주하고 있는 변화와 과도기의 쟁점들에 대해 서로 솔직하게 대화함에 따라 성경과 교회의 전통을 통해 말씀하시는 성령의 길을 발견할 것이다.

내가 만난 젊은 부부가 생각난다. 그들은 내게 가정 같은 진정한 교회를 찾는 데 어려움이 있다고 토로했다. 그들에게는 자녀가 여섯 있는데, 그 중 한 아이가 심각한 학습장애를 겪고 있었다. 비록 그 부부는 창의적이며 에너지가 넘치는 리더들이었지만, 장애가 있는 아들은 그들의 사역에 방해가 되었으며, 때때로 다루기가 매우 어려웠다. 그 부부는 자신들을 탓하는 고통스러운 과정을 통과했다. 즉, "우리가 뭘 잘못했기에 하나님이 이런 자식을 주셨는가?" "우리가 어느 부분에서 잘못했는가?" 하는 자학 말이다. 그들은 아들을 보살피는 일과 정상적인 다른 자녀들의 필요 사이에 균형을 잡기 위해 노력해 왔다. 그들은 모든 자녀들을 위한 건강한 환경을 마련하기 위해 자신들의 삶을 재조정했다. 그들은 의사의 치료와 약물, 서로의 관계 사이에서 씨름했다.

그렇지만 그 기간 내내 가장 힘들었던 일은 그들이 교회에서 느꼈던 무언의 압력을 견디는 일이었다. 그들이 받았던 메시지는 "크리스천 가정에는 이런 문제가 없다."는 것이었다. 하나님은 고쳐 주시고 치료해 주시고 사태를 더 낫게 만들어 주시는 분이시라는 것이었다. 교회는 "이상적인 크리스천은 어떤 모습이어야 하는가?"에 대한 성장 프로그램이나 세미나를 개최하는 일은 아주 잘 했다. 그러나 사람들이 자신들의 갈등을 정직하게 나눌 수 있는 장소를 만드는 일에는 무관심했다. 그들은 이상적인 크리스천이라는 그 '이상'에 부족했지만, 그 시름을 나눌 곳이 없었다. 교회는 그들의 내적 변화를 내놓고 씨름할 수 있는 곳이 되지 못했다.

간단한 진리는 이것이다. 교회를 이끌어갈 사람들이 하나님의 백성을 성장시킬 수 있는 새로운 길을 찾지 못한다면, 수적으로 성장하는 교회는 만들 수 있을지 모르지만, 고통스러운 변화와 과도기의 소용돌이 속에서 하나님의 백성을 만들어 나가시려는 하나님의 소명과는 완전히 동떨어질 수 있다.

지도 바꾸기 – 변하고 있는 틀

나는 내가 리미널 부족에 속해 있다고 생각한다. 나는 사라진 옛 세계 가운데서 몇 가지는 매우 안타까워한다. 그러나 나는 또 매우 빠르게 적응한다. 내가 가지고 있는 지도가 더 이상 내가 살고 있는 영토를 보여 주지 못한다면 새로운 지도를 그리려고 노력한다. 그리고 그런 일을 감당해야 하는 부담을 즐긴다.

그러나 어떤 사람들은 자기 삶의 지도가 갑자기 바뀌면 어쩔 줄 몰라 하며 혼란에 빠진다. 그런 사람들은 이런 혼란과 당혹스러움이 자신의 부족함 때문이 아니라 불확실성에 대한 인간의 정상적인 반응임을 깨달을 필요가 있다. 이런 일이 일어날 때 우리는 본능적으로 변화에 저항하거나 잃었다고 느끼는 것을 회복하려고 시도한다. 또 그렇게 함으로써 우리 자신을 보호할 길을 찾거나 미래의 새로운 약속을 향해 나가면서 현재 우리가 갖고 있는 지도, 즉 우리 과거의 경험들을 사장해 버린다.

예를 들기 위해서 내 손자 이야기를 하나 하고자 한다. 나는 내 손자를 아주 많이 사랑한다. 내 딸이 그 아이를 해산할 때 내가 그 자리에 있었다. 그 아이는 우리의 첫 손자다. 그래서 손자가 태어난 이후로 그 아이는 내 삶의 중심이 되었다. 내 최대의 바람은 그 아이가 사랑 받고 있다는 강한 느낌과 소속감 가운데서 성장하는 것이다. 그러나 동시에 나는 내 손자가 자신이 살아가는 뒤죽박죽인 이 세계를 감당하는 법을 배워나가기 바란다. 그런데 그 손자에게 학습장애가 있었다. 의사들도 광범위한 테스트를 했지만 뭐가 문제인지 꼭 짚어낼 수 없었다. 손자는 언어 능력이 뒤처졌다. 그 아이는 매우 명민했지만 다른 사람들과 의사소통에 제약이 있었기 때문에 지적인 에너지와 상상력도 방해를 받았다. 때때로 손자는 자기가 원하는 것을 엄마에게 이해시킬 수 없어서 악을 썼다. 분명히 손자에게 필요한 커뮤니케이션 능력을 터득하도록 지시하는 두뇌 속의 지도는 제대로 작동하지 못했던 것이다. 다행히도 이러한 종류의 학습장애를 집중적으로 다루는 학교에 출석하면서 모든 것이 바뀌기 시작했다. 이제 손자의 언어 능력은 자기 또래를 따라잡기 시작하고 있지만, 한동안은 정확한 단어와 생각을 찾지 못한 채 의사소통을 시도하는 모습을 바라보는 것이 안타까웠다.

과거에는 꽤 정확하게 작동했던 우리가 가지고 있는 세계의 지도들이 우리 기대와 어긋날 때면, 우리는 혼란에 빠지고 좌절하며 분노한다. 불연속적 변화와 과도기 가운데 있는 사람들에게도 바로 이런 일이 일어난다.

우리가 젊은 부모였을 때, 아내인 제인과 나는 아이들이 잠자리에 들기 전에 가족이 모여서 책을 한 장씩 큰 소리로 읽게 했다. 세 자녀들은 그 의례를 좋아했다. 그리고 자녀들이 우리 집에서 안전하게 잠드는 모습을 지켜보는 것은 우리 부부에게 큰 위안이었다. 이러한 가족생활 패턴은 여러 해 동안 계속되었는데, 우리 큰 아들이 십대가 되면서 갑자기 중단되어 버렸다. 작고 귀여웠던 사내 녀석이 별안간 6피트 이상으로 훌쩍 커버렸고, 성격도 우리가 결코 예상하지 못했던 방향으로 변해 버렸기 때문이다. 아들은 우리의 가치관에 맞지 않는 옷을 입기 시작했고, 우리의 깊은 근심거리가 되는 신념과 생각을 표출하기 시작했다. 우리 집 장남은 이미 형성되어 있었던, 그리고 영원히 지속되리라 여겼던 우리 가정의 관습과 의례를 표시해 놓은 지도를 찢고 있었던 것이다.

당시 나는 혼란을 느꼈다. 갑자기 내 세계의 중심이 통제불능이 되었으며, 그 세계를 익숙한 패턴으로 되돌리기 위해서 내가 할 수 있는 일은 아무것도 없었다. 돌아보건대, 내가 그 소용돌이와 불연속의 몇 해를 지나 오면서 상당히 뻔한 방식으로 그리고 진짜 어리석은 방식으로 행동했음을 이제 깨닫는다. 예상치 못했으며 원치도 않았던 변화 때문에 우리 가족의 지도가 찢겨졌을 때 내가 취했던 기본적인 어리석은 단계들은 다음과 같았다.

- 먼저, 나는 우리 가정에서 핵심적인 것은 아무것도 변한 것이 없다는 환상을 유지하는 데 엄청난 에너지를 쏟아 부었다. 만일 우리가 지금까지 해왔던 대로 계속한다면, 언젠가는 우리 아들이 정상으로 되돌아올 것이고, 우리는 다시 언제나처럼 모두가 다 행복하게 살 거라고 믿었다. 당신도 짐작했겠지만 그런 일은 일어나지 않았다.
- 그 다음으로, 나는 우리 가족생활을 옛날 방식의 가족생활로 되돌릴 수 있다면 어떠한 해결책이라도 수용하려고 했다. 나는 가족의 규칙을 강조하기 시작했고, 무엇을 용납할 수 있으며 무엇을 용납할 수 없는지 선을 긋기 시작했다. 그러나 그 일은 모래 위에 줄긋기였다. 나는 내 아들을 잃고 싶지 않았기 때문에 이전의 규칙이 먹혀들게 하기 위해서 더욱 세게 압력을 가했다. 물론 내가 그 변화를 거부하면 할수록 내 아들은 더 강하게 저항했다!
- 그런 다음, 나는 내가 너무나도 무능하다는 느낌에 당황하기 시작했다. 다른 사람들은 우리가 겪고 있는 문제점을 겪지 않는 것처럼 보였다. 그렇다면 도대체 부모로서 아내와 나는 뭐가 문제란 말인가? 도대체 우리가 어디에서 실패한 것일까? 내가 원래 나쁜 아버지였는가? 이러한 내면적인 반응과 감정 이러한 변화들 때문에 유발된 내적 변화와 과도기은 근심만 키워 주었을 뿐이었다. 나는 화가 났다. 내 지도는 산산조각 나버렸다. 그리고 산산조각

난 지도를 대신할 더 나은 지도가 내게는 없었다. 내 지도는 과거의 경험에 근거해 있었다. 그런데 그 지도가 무용지물이 된 것이다. 나는 내 아들을 더 멀리 몰아낼 뿐이었다. 그때는 아주 고통스러웠다.

– 어떤 시점에서 나는 한발 뒤로 물러나서 무슨 일이 일어나고 있는지 심도 있는 질문을 던져야 했다. 다른 무엇보다도 나는 아버지라면 가져야 할 새로운 기술과 습관을 배워야 한다는 아내의 충고를 들어야 했다. 비록 그런 일이 그 시점까지 내가 해온 모든 일과 대부분 어긋나는 것이었지만, 이제는 '내가' 변해야 하는 때가 왔음을 알게 되었다.

리미널 부족과 이머전트 부족의 모든 리더들은 이와 유사한 도전을 받고 있다. 내가 그랬던 것처럼, 그들도 지금 혼란에 빠져 겁을 먹고 있으며, 자신들의 교회를 이끌어가기 위해 투쟁하면서 고통스러워하고 있다. 내가 멈춰 서서 한 사람이자 아버지로서 나를 형성했던 틀에 질문을 던져야 했던 것처럼, 불연속적 변화와 갈등을 벌이고 있는 리더들도 그래야 한다. 한발 뒤로 물러 나서 그들을 형성시켜 주었던 틀, 즉 그들의 지도를 검토할 필요가 있다.

틀 연결하기

'틀' frameworks 이란 무엇인가? 틀이란 강력한 개념상의 지도, 혹은 렌즈를 말한다. 틀은 우리가 상호관계 안에서 훈련을 통해서 발전시킨 것으로서, 우리의 세계관을 형성하며, 우리가 어떻게 행동해야 하고 우리 주위에서 일어나고 있는 일에 대해 어떻게 반응해야 하는지를 결정한다.

우리 동네의 한 건설 현장에는 일꾼들이 건물의 기초를 마련하기 위해서 거대한 구멍을 파내려 가고 있다. 일단 그 기초들이 놓이고 나면, 그 위에 목재로 된 거대한 집 모양의 틀이 들어서기 시작할 것이다. 집의 틀이 완성되는 것이다. 다시 말해서 집을 이룰 수 있는 골격들이 제자리를 잡게 된다는 뜻이다. 이 틀이 그 집을 결정한다. 일단 집이 완성되면 우리는 더 이상 그 틀을 볼 수가 없다. 그 틀은 단열재, 시멘트, 판자 등의 외벽, 페인트, 벽지, 문과 창문, 커튼 등 집을 편안하고 매력적으로 만들어 주는 모든 요소들 뒤로 감춰진다. 틀은 다른 모든 것을 세우는 밑바탕이다.

만일 당신이 부엌이나 욕실을 수리해 본 적이 있다면, 침수로 입은 피해나 흰 개미가 먹어 버린 나무 기둥을 장식만으로 해결할 수 없음을 잘 알 것이다. 지난해 우리는 늘어나는 식구를 위해 채광실을 식당 공간으로 바꾸기로 결정했다. 그 작업 중 한 가지는 이전에 있던 미닫이 문을 단열이 더 잘 되고 품질이 좋은 문으로 바꾸어 다는 것이었다. 옛날 미닫이 문을 제거하자, 지붕을 받치고 있는 중심 기둥이 채광실에 있던 목욕통에서 나오는 증기 때문에 썩어 있었다. 벽을 덮을 판자를 새 것으로 갈아 치운다거나 새 문을 달아 넣는 것만으로는 이 심각한 문제를 해결할 수 없었다. 유일한 해결책은 썩어 버린 기둥을 뜯어내고 새 것으로 바꾸는 것이었다.

다음 사진은 내가 노스 쇼어 North Shore에서 브리티시 콜럼비아의 밴쿠버 Vancouver, B. C. 다운타운으로 갈 때마다 건너는 로인스 게이트 다리 Loin's Gate Bridge의 사진이다.

　1993년 내가 밴쿠버에 도착했을 때, 로인스 게이트 다리는 놓은 지 거의 75년이 다 되었다. 그 다리는 도시의 자랑이었으며 위대한 상징이었지만 대대적인 보수가 필요했다. 사람들은 점점 그 다리 건너기를 두려워했다. 내가 자전거를 타고 그 다리를 건넜을 때, 바닥에 입을 크게 벌리고 있는 구멍들을 볼 수 있었다. 그 구멍들을 통해 바다가 그대로 보였다. 차도는 너무 좁아서 트럭의 사이드 미러가 다른 차와 부딪칠 정도였다. 실제로 나도 그런 일을 한 번 겪었다. 그 다리가 위험하고 수명을 다 했다는 사실을 모든 사람이 알고 있었다. 사진을 잘 들여다보면, 그 다리를 지탱해 주고 있는 탑과 두 개의 케이블을 볼 수 있을 것이다. 그것이 이 다리의 골격이다. 비록 다리는 낡았지만, 골격을 수리하거나 대체할 수 있다면, 다시 말해서 현재의 필요에 부응하는 기준에 맞춘다면, 그 다리는 훨씬 더 오랜 세월을 버틸 수 있을 것이다.

　틀의 이해를 돕는 또 하나의 적절한 은유는 안경이다. 안경의 도수가 정확히 맞으면 우리가 사물을 보거나 글을 읽을 때 안경을 의식하지 못한다. 그러나 만일 우리 눈이 더 침침해져서 안경 도수가 맞지 않게 되면, 더 이상 명확하게 볼 수가 없다.

마찬가지로 문화에 큰 변화, 즉 불연속적 변화가 진행되면, 우리가 사용하고 있는 렌즈들이 점점 도움을 주지 못하게 될 것이다. 우리에게는 새로운 변화와 과도기의 정황을 읽는 데 필요한 새로운 렌즈가 필요하게 된다. 교회와 교단 시스템 안에서 일하는 리더들은 우리의 이런 복잡한 환경을 관리하기 위해서 엄청난 양의 에너지와 자본, 시간을 쏟아 붓고 있다. 그러나 불행히도 이러한 시스템들은 급격히 사라지고 있는 세계의 지도와 지형을 사용하면서 개발된 것들이다.

다음 도표는 새로 보수해야 할 필요가 있는 틀에 대한 몇 가지 측면을 예시해 준다.

이미 알고 있는 예견 가능한 세계	불연속적 변화가 일어나고 있는 현재	교회와 문화의 미래
안정기	과도기	새로운 시기
기존의 틀 · 국가 · 현재의 경제 · 기업의 위계질서 · 전문가 · 관리자(매니저) · 상명하달 · 일제 정렬 · 통제 · 직선적 · 예견가능	지구촌적인 경제 불안 세계화 지식의 민주화 포스트모더니즘 급격한 기술 변화 새로운 초국가적 활동가들 다원주의 사스-에이즈-유행성독감 등의 새로운 질병 불안 일차적인 기본구조에 대한 신뢰상실 흔들리는 수요	?

이미 알고 있는 기존의 틀

이 도표의 왼쪽에 있는 이미지는 과거 우리 사회가 가지고 있던 몇 가지 중요한 틀을 나타낸다. 이 틀들은 과거 20세기에 교회와 교단을 형성했던 핵심 가치와 헌신적 요소들이다. 문제는 이 틀들이 바로 불연속적 상황을 읽는 데 사용되고 있는 안경이라는 점이다. 그 결과 변화와 과정, 제자도와 리더십 훈련을 위해 교회에서 실시하는 대부분의 프로그램과 자료가 이 안경을 통해 구세계로부터 나온다는 것이다. 그런데 이 구세계는 그 세계의 많은 틀과 더불어서 사라져 버렸다.

우리를 형성시켜 준 틀을 보존하고 개선하려고 열심히 노력하는 것은 불연속적 변화의 혼란과 불확실성에 대한 당연한 반응이다. 대릴 코너Daryl Conner는 이 반응이 두 가지 방향으로 일어난다고 말한다. 첫 번째 방향은 연속성에 대한 환상이다. 사람들은 비록 많은 것이 바뀌었지만 현실은 기본적으로 동일하다고 자기 최면을 거는 것이다. 두 번째 방향은 변화의 환상이다. 리더들이 현 상태를 조금만 수정하면 근본적인 변화의 필요에 부응하게 될 것이라고 믿는다는 것이다.

이 두 경우는 이미 자신이 알고 있는 기존의 틀 안에 있는 한두 가지 요소를 수정하거나 개선하면 불연속적 변화와 과도기의 도전에 효과적으로 대처할 수 있다는 것을 전제로 한다. 그러나 그 전제는 기본적인 틀을 고치기 위해서 아무것도 하지 않았다는 증거다. 다시 말해서 그들은 도수가 맞지 않는 안경을 바꾸지 않았다. 안경을 바꾸지 않는 한, 그들은 이 두 가지 환상 중 어느 하나에 혹은 둘 다에 빠지기 쉽다. 그들은 자신들의 처지를 직시하고 못한다. 그리고 이러한 환상들을 받아들인 기관이나 조직은 모든 근본적인 변화와 담을 쌓게 된다. 불연속적 변화에 대해서 의식적이며 의도적으로 대응하는 대신에, 무의식적이며 방관적으로,

불행하게도 통상적인 반응을 받아들이게 된다. 그러한 반응은 전혀 해결책을 제시하지 못한다.[12]

이러한 리더들과 그들의 조직이 원하는 것은 과거의 안정과 균형을 회복하는 것이다. 그들은 이러한 안정과 평형을 언제든 이룰 수 있다고 생각한다. 그러나 *Surfing the Edge of Chaos* 카오스의 꼭대기에서 서핑하기에서 공동 저자인 파스칼Pascale과 밀리만Millemann, 기오자Gioja가 지적하고 있듯이, 급격한 불연속적 변화 속에서 "평형 상태는 곧 죽음"을 의미한다.

그들은 옐로스톤 자연공원을 예로 든다.

> 공원 관리자들은 지난 100년 동안 산불이 나면 불에 타 죽은 식물들이 다시 자생하는 자연의 리듬을 거부하고 즉시 불을 끄는 방법으로 삼림의 평형 상태를 유지했다. 그 결과 수풀의 바닥에 떨어진 낙엽과 나뭇가지들이 비정상적으로 두껍게 쌓였다. 1988년, 벼락이 여러 차례 산불을 냈다. 지속적인 가뭄과 때 맞추어 불어온 바람 때문에 북미에서는 보기 드물게 엄청난 규모의 삼림이 재로 변해 버리고 말았다.[13]

대규모로 일어나는 불연속적 변화의 한 가운데서 리더와 조직은 과거에 자신들이 써먹었던 안정과 평형 상태를 활용하기보다는, 불연속적 변화라는 이 새로운 정황을 맞잡고 씨름할 새로운 틀과 기술, 능력을 개발해야 한다.

불연속적 변화와 과도기

앞서 제시한 도표에서 중앙에 있는 일련의 이미지들은 대규모적이며 불연속적 변화의 요소들이다. 다원주의, 세계화, 포스트모더니즘 같은 요소들은 꽤 분명해 보이지만, 어떤 요소들은 인식하려면 심층 분석이 필요하다. 각 요소는 지난 몇 년 동안 우리 문화의 전반에 걸쳐 발생해 온 변혁의 운동을 상징한다. 각 요소는 그 자체만으로는 우리의 안정성이나 평형 상태에 절대 위협이 되지 않지만, 지난 25년 동안 우리 문화 가운데서 이 모든 변혁이 동시에 일어났다는 점을 생각하면 상황은 달라진다. 이 변혁들은 상호작용을 일으켜 왔으며, 그렇게 함으로써 각 요소가 가지고 있는 특성 자체를 바꾸었을 뿐 아니라, 더 중요하게는 우리가 아직도 이해하지 못하고 있는 새로운 종류의 환경을 만들어냈다.14)

리미널과 이머전트, 우리 모두는 현재 미처 예견치 못했던, 경계선상의 세상에서 살아가고 있다. 우리는 불연속적 변화의 한가운데 있으며, 우리 중 어느 누구도 그것이 무엇을 의미하는지 명확하게 알지 못한다. 우리 가운데 어떤 이들은 상실해 버린 것을 회복하기 원하며, 또 어떤 이들은 건너뛰어서 새로운 미래를 포용하기 원한다. 그리고 그 미래를 관리하고 통제할 수 있기를 바란다. 그러나 20세기 교회에서 작용했던 틀과 기술 중 많은 것들은 새로운 자리에서 점점 의미를 잃어가고 있다. 다른 관점에서 보자면, 상황이 변해 가는데도 우리는 똑같은 장소에 그대로 있다고 말할 수 있다. 우리가 이 과도기를 잘 통과하려면 진정으로 서로가 필요하다.

떠오르는 미래

이 시점에서 우리는 우리 교회나 문화가 장래에 어떤 모양이 될지 모르고 있다. 이 때문에 "이머전트"라는 용어가 널리 애용되고 있다. 미래는 과거의 패턴으로 예견할 수 없다. 또한 우리가 이전에 보아온 그 어떤 것과도 다르다. 우리가 알고 있는 유일한 사실은 그 미래가 불연속적 변화와 과도기 가운데서 떠오르고 emerging 있다는 사실이다.

그렇기 때문에, 우리에게 필요한 것은 우리의 미래를 예측하거나 통제할 수 없는 불연속적 소용돌이에서 교회와 교단 시스템을 이끌어갈 수 있는 틀과 지도, 능숙한 기술과 자원이다. 그렇지만 그전에 먼저, 변화가 어떻게 일어나는지 이해하고 그 변화와 더불어 흘러가는 법을 배워야 한다. 그리고 동시에 변화 속에서 서로를 지탱해 주는 관계를 형성하고, 그 가운데서 하나님이 무슨 일을 하고 계신지를 발견할 수 있도록 도와야 한다.

성찰과 적용

1. 당신 자신의 말로 변화와 과도기를 정의해 보라. 이 개념들을 이해하는 것이 지금 우리가 살고 있는 '위험 사회'의 불확실성에 대처하는 데 얼마나, 혹은 어떻게 도움을 주고 있는가?

2. 당신은 변화 앞에서 다음 중 어느 방향을 취할 가능성이 높은가? 과거를 회복시키기 위해서 방어적인 태도를 취하겠는가, 아니면 이전의 지도를 버리고 모든 것을 관망할 수 있도록 새로운 위치를 확보하기 위해 탐험을 시작하겠는가? 당신이 어떤 방향을 취할 것인지 결정했다면, 당신의 교회가 전진할 수 있는 최선의 길을 찾기 위해서 다른 사람들과 어떻게 협력할 수 있겠는가? 혼란의 시대에 당신과 상반되는 관점을 가지고 있는 사람들에게서는 무엇을 배울 수 있겠는가?

3. 59페이지에 있는 도표를 보면서 안정기와 과도기를 이루는 용어들을 어떻게 정의할 수 있겠는가? 당신의 견해로는, 그 용어들이 우리의 문화에 어떤 영향을 주었다고 보는가? 그러한 점들이 당신의 지역사회에는 어떻게 영향을 주었는가? 당신 생각에는, 그러한 요소들로부터 무엇이 떠오를 것 같은가?

4. 이 장에서 틀에 대한 논의를 살펴보면서, 현재 불연속적 변화에 직면한 우리가 대체할 필요가 있다고 여겼던 사상이나 개념이 있는가? 그것들은 무엇인가? 당신의 안경 도수를 조정하기 위해서 바꾸어야 할 것은 무엇인가? 당신의 교회가 지역사회와 주변 교회에 접근하는 방식에도 그와 똑같은 점이 해

당된다고 보는가?

5. 옐로스톤 국립 자연 공원에 대한 인용문을 다시 읽으라. 그 이야기는 오늘날 당신의 교회가 어느 자리에 있는지 이야기해 주는가? 장차 벌어질 수 있는 처절한 상황을 예방하기 위해서 '타도록 내버려 두어야' 할 것들이 있는가? 불협화음마다 통제하려고 시도하기보다는 제 갈 길을 가도록 내버려 두어야 할 것들이 있는가? 당신의 교회가 불길을 다스리기 위해서 필요한 변화로는 무엇이 있는가? 어떤 변화가 요구되는가? 이러한 불길이 통제 불능에 도달하기 전에 당신이 먼저 발견할 수 있게 해주는 포럼이나 대화가 있는가?

제4장

변화의 5단계
The Five Phases of Change

불연속적으로 바뀌고 있는 이 세상에서 우리는 그리스도인으로서 어떻게 살아갈 것인지, 교회의 형식은 어떻게 만들지, 리더십은 어떻게 새로 그려야 하는지 고민할 필요가 있다. 그것은 더 이상 우리가 이미 알고 있는 세계에서 새로운 세계로 나가는 식이 아니다. 그런 시기는 지나가 버렸! 우리는 벌써 그 둘 사이를 부유하고 있는 세상에서 살아가고 있다. 당면한 문제들은 이것이다. 첫째, 리더로서 이 불연속적 세상을 이해하고 그 가운데서 역할을 제대로 감당하려면 어떻게 해야 하는가? 둘째, 이 불확실성 가운데서, 이 불확실성이 어디에서 끝날지를 전혀 알 수 없는 상황에서 하나님의 백성이 번성할 수 있는 교회 구조들을 어떻게 개발해야 하는가?

오늘날 교회에 속해 있는 대부분의 그리스도인들에게 우리 모두가 새로운 종류의 세상에 살고 있다는 것을 설득할 필요는 전혀 없다. 그들은 이 정신없는 세상에서 어떻게 사는 것이 신실하게 사는 것인지 아무런 도움도 받지 못하고 있다. 바로 앞 장에서 논의한 불연속적 외적 변화 change와 내적 변화 transition 과도기가 일어나고 있는 경계선상에 있는 세상은 20세기 중반부터 오늘날에 이르기까지 우리 문화를 형성하고 있는 거대한 변화의 일부분이다. 이 변화를 좀더 잘 이해하기 위해서는 거대한 5단계의 과정을 확인할 필요가 있다.

변화의 5단계

아래에 정리된 다섯 단계는 하나의 조직 안에서 상당히 짧은 기간에 발견될 수도 있고, 문화 전체에 해당하는 아주 긴 역사를 지나야 발견될 수 있는 것들이다.

1) 안정 그리고 평형 상태
2) 불연속
3) 이탈
4) 과도기 내적 변화
5) 재형성

이 단계들은 다음 도표에서 나타난 숫자 8 모양의 사이클로 설명될 수 있다.

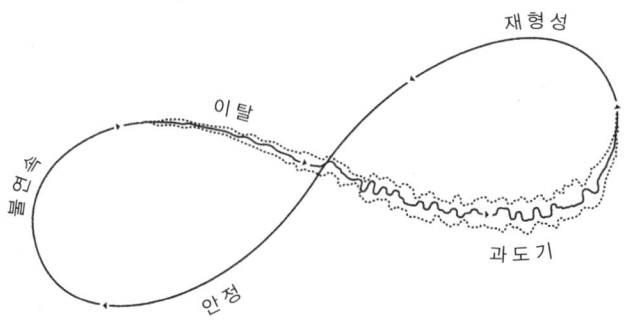

　이 불규칙적인 순환 사이클이 보여 주고자 하는 것은 변화 과정이 일직선이 아니라 안정과 과도기내적 변화의 여러 시기를 거쳐 가는 지속적인 순환이라는 점이다. 이것은 우리 개인, 조직, 문화, 세계가 끊임없이 이러한 변화의 단계들을 거친다는 점을 시사한다. 우리는 문화적으로나 또한 교회 조직체로서나 과도기내적 변화와 불연속성의 과정 안에서 살아가고 있다.

　이러한 단계들이 오늘날 우리에게 어떤 영향을 얼마나 주고 있는지 논하기 전에 먼저 각 단계들을 좀더 자세하게 알아보자.

1. 안정평형 상태

　오래 지속되던 안정 상태가 재난의 전조가 될 때에는 반드시 크기와 시간을 평가해야 한다. 어떤 규모작은 규모나 시간대짧은 시간대에서는 안정 상태가 바람직한 조건일 수 있다. 그러나 장기간에 걸친, 그리고 대규모적인 안정 상태는 위험하다. 그 이유는 무엇인가? 하나의 유기체가 혹은 조직이 살아가는 환경은 항상 변하기 때문이다. 환경은 동요한다. 따라서 지속적인 안정 상태는 유기체의 감각을 무디게 만들며, 위험에 직면했을 때 적절하게 반응할 수 있는 능력을 앗아가 버린다.15)

모든 시스템과 조직은 안정을 유지하고 싶어 한다. 변화에 대한 전형적인 반응은 환경을 통제하는 것이다. 그래서 평형 감각을 유지하고, 성장 패턴을 통제할 수 있는 단계적인 변화만 일어나게 하는 것이다. 이처럼 예측할 수 있는 틀 가운데서 일어나는 변화라면 받아들이고 관리할 수 있다. 그러나 불연속적 변화는 위기를 만들어낸다. 그런 변화는 틀을 부수어 버리기 때문이다.

안정과 연속성의 시기에서는 조직체들의 활동과 리더들의 역할이 쉽게 예측될 수 있다. 정해져 있는 일과routines의 연속성 때문이다. 검증된 관행은 상당 기간 비교적 일정하게 유지되는 가치와 습관들을 통해서 조직이 작동하도록 만들어 준다. 전제로 깔고 있는 전통과 의식rituals은 행동양식을 만들어 내며, 실재reality를 받아들이는 우리의 지각을 형성한다. 우리는 세계를 보면서 우리 조직의 패턴과 전통의 렌즈를 가지고서 눈앞에서 벌어지는 일을 읽는다. 그 렌즈는 전략적인 계획에 따라 현재의 관행에 과거의 기대치와 결과물을 연결시킨다.

이러한 안정의 일례가 가정이다. 리미널과 이머전트 둘 다 현대 사회에서 성공적인 가정이 된다는 것이 무엇을 의미하는지 발견하고자 한다. 이것은 현재 가정생활이 전통적인 역할과 이해로부터 얼마나 이탈되어 있는 상태인가를 보여 준다. 상당히 오랜 기간 동안 우리가 정상적이며 안정적인 형태라고 간주했던 가정의 형태가 있었다. 그러한 가정의 전형적인 패턴은 다음과 비슷하게 흘러갔다.

한 쌍의 남녀가 결혼을 해서 자녀를 갖는다. 자녀의 출생에서부터 사춘기 전까지, 부모와 자녀 모두에게 적절한 안정적 역할과 기대치가 존재한다. 엄마와 아빠는 그 시기를 평화와 고요의 멋진 기간으로 기억할 것이다. 그리고 자녀가 사춘기가 되면 이 흔들림 없는 가정에 지각 변동과 호르몬의 힘이 터져 나온다.

사춘기는 아동기의 안정 및 평형 상태, 그리고 성인으로 발돋움하는 시기의 불연속성과 이탈 및 과도기로 작용한다. 성인이 된 자녀를 둔 부모는 자기들이 할아버지 할머니가 되었을 때에도 그 사이클이 지속될 것이라고 생각한다.

부모가 얼마나 많은 과정을 취하든, 우리 전에 얼마나 많은 사람들이 그 과정을 거쳐 갔든 상관 없이 우리는 결코 결혼과 더불어 일어나는 믿을 수 없는 변화들에 대처할 준비를 결코 하지 못한다. 그 이유 중 하나는 우리가 다른 사람과는 다르다고 믿는 경향 때문이다. 즉, 우리는 모든 것을 잘 해낼 것이라고 믿으며, 최소한 우리 부모가 했던 실수는 하지 않을 것이라고 믿는다. 진짜로 우리는 우리가 특별하기 때문에 우리의 자녀들이 떠나갈 때까지 가정생활의 안정과 평형 상태를 유지할 수 있는 힘과 능력을 갖고 있다고 믿는다. 우리가 깨끗한 백지 상태에서 출발해서 모든 것을 새롭게, 그리고 다르게 만들 수 있다고 믿는 '신화'는 그게

참이든 아니든 우리의 집단 상상력 가운데 깊이 뿌리 박혀 있다.

자녀들이 아직 아동기에 속하는 가정은 마치 북미에서 교회가 비교적 안정적인 정체성과 역할을 누리던 때와 같다. 목회자들의 역할은 잘 확립되고 규정되어 있다. 물론 그러한 역할들이 성문화된 것은 아니지만, 그 역할들은 여전히 명확하게 이해되고 있으며 교회 생활과 교단 정치의 지침이 되었던 규칙과 의식들을 유지하고 있었다. 이 단계는 교회가 전통이라는 힘을 바탕으로 형성된 안정 단계였다.16)

이 말은 이 시기의 조직과 리더십 역할들이 정적static이었다는 뜻은 아니다. 전통은 계속해서 이전 세대의 훈련을 받은 각 세대가 과거를 병합하고 현재에 의미를 제공하면서 새롭게 정립되어 왔다. 변화는 전통의 틀 안에서 일어났다. 그래서 변화가 쉽게 합병되고 조직의 구성원들에게 받아들여진 것이다. 또한 과거와의 지속적인 대화 때문에 변화는 예측 가능했다. 그래서 사람들은 자신들의 환경을 스스로 통제하고 있다고 느꼈다. 대다수가 주어진 가치관과 전통에 동의했기 때문에 세계는 이해되고 생활은 유지되었다. 이 단계의 특징은 '진화적이며 발전적 변화' evolutionary and developmental change라고 할 수 있다.

'진화적 변화'란, 기존 문화의 전통이 지니고 있는 가치 안에서 외부 문화가 천천히 점진적으로 쌓여가는 반응을 말한다. 장기적으로 볼 때 이 작은 변화들이 쌓여서 상당히 큰 변화를 이룩할 수 있다. 예를 들어, 루터는 대학생들이 술집에서 노래를 부를 때 사용했던 악기라는 이유로 오르간을 교회에 도입했다. 루터는 학생들에게 복음을 전하기 원했다. 그래서 대학생들의 악기를 교회에 도입하고 그들의 음악으로 찬송을 작곡한 것이다. 외부 문화에서 인기 있으면서도 교회의 내면적인 가치들을 위반하지 않는 어떤 것에 호응해서 진화적인 변화가 일어난 것이다. 조금씩 천천히 오르간은 술집 악기에서 교회 악기로 진화했다. 이것은 오늘날 우리가 베이스 기타와 드럼을 교회에 도입한 것과 유사하다. 오르간은 그 시대의 전기 기타였던 것이다.

'발전적 변화'란, 기존의 시스템과 관행을 개선하는 것을 말한다. 성장과 변화는 외적 요구가 아니라 내적 요구 때문에 일어난다. 다시금 가족의 예를 들자면, 자녀들은 성장한다. 잠자리에 드는 시간이 바뀌고 식탁에서 나누는 대화도 달라진다. 자녀들은 성장하면서 새로운 특권과 책임을 지닌 새로운 역할을 맡게 된다. 이 모든 것은 가족이나 조직의 성장과 '발전'의 일부분이다.

안정과 평형 단계에서 리더의 역할

이 단계는 오래 지속될 수 있다. 연속성을 증진시키는 가치, 과정, 습관, 전통, 역할, 규범 등은 공인된 생활 방식이다. 론 하이페츠Ron Heifetz와 마티 린스키Marty Linsky는 『실행의 리더십』위즈덤하우스, 2006에서 지속적인 안정과 평형의 시기에서는 기본적인 리더십 기술과 능력이 선배 리더들에게 전수 받은 현재의 노하우know-how에 기초해서 '기교적'이라고 말한다. 리더십은 조직의 위계상 그들의 지위가 지니는 권위나 교육 수준과 같이 그 사람의 외적인 것에 근거한다.[17]

회중의 생활은 이와 같이 명확한 기교적 리더십 환경 가운데서 형성되었다. 리더들은 그들에게 기대되는 역할을 탁월하게 수행함으로써 보상을 받았다. 20세기의 첫 3분기 동안 이러한 종류의 생활 방식을 위협하는 외압은 거의 없었다. 목회자 양성과 신학교 교육의 기초는 이것을 전제로 형성되었다.

이 시기 동안 리더십의 기본은 현 상태를 '관리'하고, 잘 설정되어 있는 역할들을 '수행'하는 일로 이루어져 있었다. 그 조직의 전통과 가치 및 상징을 잘 이해하고 확장한 사람에게는 높은 가치와 보상, 인정이 주어졌다. 이러한 가치와 전통에 의문을 제기한 사람들은 그러한 평형 상태를 동요시킬 수 없는 말단으로 밀려났다. 그들은 안정에 위협이 되는 요소로 여겨졌고, 그들의 말과 행동은 전통을 침해하는 것으로 해석되었다. 시스템은 안정을 유지하기 위해서 그러한 사람들을 무력화시켰다.

리미널이 바로 이런 세계를 위해서 훈련 받았으며, 이 세계 가운데서 번성한다. 그러나 안정보다는 불연속적 변화가 일반화되자, 리미널은 어수선해졌다. 그들에게는 그것이 마치 드라이버screwdriver만 가지고서 너트와 볼트로 되어 있는 방에 걸어 들어간 것과 같았다. 그들이 가지고 있는 도구는 더 이상 쓸모가 없다. 이러한 사실을 목도하면서 어떤 사람들은 모든 도구를 다 버리고 자기들이 맞이하고 있는 시대에 맞는 더 나은 해결책을 기대하자고 외치고 있다. 그들이 바로 이머전트이다. 문제는 그들에게 필요한 것이 '또 다른 도구'가 아니라 '좀 다른 도구'라는 것이다. 그들이 뒤를 돌아보고 과거에 어떤 일이 벌어졌었는지 알지 못하는 한, 그 도구를 발견하기란 불가능할 것이다.

2. 불연속성

안정 시기는 영원히 지속될 수 없다. 변화의 패턴들은 서서히 떠오르기 시작한다. 그리하여 세계가 작동하는 방식을 완전히 바꾸어 놓는다. 역사는 이런 일에 대한 예로 가득 차 있다. 다시 예로 들자면, 이것은 마치 가족 안에서 자녀들이 사춘기에 돌입하는 시기와 같다. 자녀들은 자신의 정체성을 찾는 일을 시작하며, 이전에는 당연하게 여겼던 가치와 신념들에 도전하기 시작한다. 부모들이 잘 적응하면 안정 상태가 유지될지도 모르지만, 그렇지 못할 경우 자녀들의 전면적인 반항이 시작되면서 가정에 균열이 생기게 된다.

교회와 교단 시스템은 20세기의 4분기에 들어서 이러한 변화의 단계에 돌입했다. 강력하면서도 형태를 알 수 없는 변화가 공인되어 있는 전통과 제도적 구조를 흔들기 시작했다. 북미에서는 교회가 번성하고 있는 것처럼 보였을지 몰라도, 지속적으로 증대하는 불안정이 교회의 전통적 형태의 고착성, 리더들의 공인되어 있는 역할, 교회 존재의 안정에 도전하는 그룹들의 등장을 몰고 왔다. 이 떠오르는 불연속성의 기저에는 교회가 미국 문화 전체를 휩쓸고 있는 대규모적인 변화를 다루는 데 실패하고 있다는 느낌이 깔려 있다. 그 결과 많은 사람들이 새로운 형태의 교회를 찾기 위해서 전통 교회를 떠났다.

오늘날 우리는 리미널이 형성한 교회와 이머전트가 형성한 교회 사이의 지속적인 충돌에서 이 점을 경험하고 있다. 다시 말하지만 이것은 부모와 사춘기 자녀 사이의 갈등과 그리 다르지 않다. 초대형 교회 네트워크를 통해서 성공한 리미널은 초대형 베이비 붐 세대와 구도자 지향적인 전통 교회에서 취할 수 있는 핵심 개념들을 신세대 이머전트에게 적용하기 위해서 좀더 젊은 이머전트와 모임을 갖기 원했다. 그러나 이머전트의 리더들은 자기들을 리미널의 틀 안에 집어넣으려는 계획이라고 반발하며 그런 모임에 전혀 나타나지 않았다.

이 긴장은 지금도 계속되고 있다. 사람들은 교회와 교단에 상관없이 자기에게 가장 잘 맞는 스타일과 프로그램, 가치를 구현할 교회를 찾아다니면서 엄청나게 동요하고 있다. 이 새로운 종교적 환경은 메뉴판에서 자기 구미에 맞는 영성을 고르는 것과 같다. 구도자들은 자기들의 접시가 가득 찰 때까지 여기에서 조금, 저기에서 조금을 취할 뿐이다. 그리고 자기들이 골라서 얹어 놓은 음식들이 조화로운지 알아보려는 수고는 결코 하지 않는다. 어떤 사람은 온통 디저트만으로 접시를 채우고, 또 어떤 사람은 온통 빵으로만 접시를 채운다. 그러나 그들은 자기들의 접시를 채우고 있는 것이 무엇인지는 별로 신경 쓰지 않는 것 같다.

인터넷웹 사이트, 블로그, 채팅 등, 서적, 콘퍼런스 등을 통해서 점점 더 많은 사람들이 자신들의 교회 생활에 필요한 대안을 발견하고 있다. 물론 그들은 그러면서도 그들의 리더에게 변화를 기대한다. 그 기대는 긴장을 발생시킨다. 리더들은 이미 확립되어 있는 방식과 전제들에 닥친 도전에 협상하는 일에 능숙하지 못하다. 리미널은 심한 위협감을 느낀다. 반면 이머전트는 기존의 시스템 내부에서 일어나는 변화의 역동성을 다 이해하지 못한 채 온갖 종류의 실험을 다 수용하려는 경향이 있다.

두 경우 다 리더들은 상처를 받고 혼란에 빠진다. 오랫동안 실행되어 오던 전통과 가치에 의문이 생긴다. 어떤 사람들은 바뀌고 있는 인간관계들을 중재하느라, 또 다른 사람들은 전통을 유지하기 위해 싸우느라, 그리고 또 다른 사람들은 원점에서 다시 시작하기 위해 모든 것을 해체하느라 중압감에 시달린다.

불연속적 단계에서 리더의 역할

이 단계에서 리더십은 이전의 단계와 달라지지는 않는다. 기존에 이미 확립되어 있는 역할의 관리와 수행, 기술 등의 면에서 리더십은 여전히 그대로다. 그러나 그 시스템을 뒤흔드는 불연속적 변화의 역동성에 대한 이해가 거의 전무하다. 단순히 이전에 호응이 좋았던 것을 개선하거나 확장하려고 시도하는 것에 불과하다. 틀에 대해서도 문제제기가 전혀 없다. 물론 틀 안에서 유연성이 필요하다는 것은 인정한다. 그러나 전반적인 신념은 변화와 갈등을 다루는 현재의 방법이 아직 유효하다고 보는 것이다. 리더가 안전하게 나아가는 방법은 항상 수행해왔던 역할을 똑같이 수행하는 것이며, 훈련 받은 기술을 계속해서 적용하는 것이다. 그 결과 이러한 리더들은 더 빨리 달리고 더 열심히 일하지만 변화의 커브에서 뒤처진다. 결국 그들은 지치고 낙심하게 된다. 그렇지만 달리 무슨 일을 해야 할지는 모른다.

리더들은 대개 조직 안에서 소규모적이고 진화적이며 발전적인 변화들을 일구어내는 일 이외에는 달리 미래를 상상할 수 없다. 그들은 여러 관계를 다독거려서 안정 상태로 되돌리려는 성향을 가지고 있다. 그러나 현실은, 이 단계에서 변화는 상당히 역동적으로 진행되고 있어서 리더들이 당장 해결해야 할 실질적인 변화의 쟁점들을 놓치고 있다는 것이다.

여러 교단과 교회들을 휩쓸고 있는 변화들을 전통과 안정의 관점에서 다루는 것은 조직을 이끌어나가는 능력을 뒤처지게 만든다. 그렇지만 이 두 번째 단계에서 리더십의 기본적인 방향은 여전히 전통을 유지하는 쪽으로 방향을 잡고 있다. 그 결과, 역할 수행과 기술적인 관리 형태가 점점 현실과 어긋나면서, 리더와 조직에게는 스트레스와 혼란만 가중된다.

3. 이탈

안정 단계에서는 전통의 힘이 지극히 중요한데, 불연속적 단계에서 전통은 더 이상 시스템을 하나로 지탱해 주는 접착제의 역할을 하지 못한다. 내부 압력과 외부 압력이 너무 커져서 항상 수행해 왔던 것을 유지하고 꾸려나가기조차 힘들어지는 것이다. 이 시점에서는 스트레스가 극도로 심해진다. 관계가 경색되고 시스템은 깨지기 시작한다.

교단에서 이런 현상이 일어나는 경우는 소속 교회들이 정체성을 재형성해 준다는 새로운 네트워크나 그룹에 가입할 때다. 한 번은 한 교단의 리더가 소속 교회들이 더 이상 자기를 전문가로 바라보지도 않고 조언도 구하지 않으며, 그 대신 다른 네트워크에서 제공하는 자원으로 발걸음을 돌린다고 말한 적이 있다. 그 말은 이 변화 가운데서 리더십이 처한 난국을 잘 표현해 준다. 그와 그의 동역자는 현재 이러한 네트워크들이 무엇을 제공하고 있는지, 그리고 만일 자기들이 그들과 동역을 하게 되면 다시 자기 교단에 속한 교회들을 지원할 수 있을 것인지 알아보고 있는 중이다! 이것이 바로 리더십 역할과 상상력의 대대적인 변화이다.

교회는 교단 시스템과 맺었던 관계에서 급속하게 이탈해 나가고 있으며, 리더들은 변화상의 핵심 쟁점들이 무엇을 의미하는지 성찰할 시간도 없이 따라잡기에 급급한 실정이다. 이 시점에서 리더십의 역할은 우선적으로 그 성격상 '반응적' reactive이 된다.

이러한 조직들 가운데서 권력을 놓고 싸움이 벌어진다. 특히 교회나 교단이 재정적인 면에서 큰 손실을 보는 경우 이런 일이 발생한다. 이런 경우 사람들은 누구의 역할이 축소되고 확대되느냐를 놓고서, 혹은 누구의 프로그램이 가장 심한 예산 삭감을 당하느냐를 놓고서 싸움을 벌이게 된다. 갈등과 비난이 난무해진다.

이러한 이탈 과정은 깊이 연결되어 있던 관계와 신념들, 실천과 가치들을 뿌리 뽑는다. 그 일은 매우 스트레스가 심한 일이다. 그러나 또한 꼭 필요한 일이기도 하다.

또한 이 이탈은 지역 수준을 넘어 문화 전반의 현상이다. 서구 교회는 오랫동안 문화의 중심에 자리 잡고 있었지만 지금은 조직적으로 뿌리가 뽑혔다. 동시에 교회는 전반적인 문화의 변천을 이해할 수 있는 방식으로 말씀을 재진술하려는 시도가 늘어나면서 말씀 자체의 내면적인 이야기에서도 점차 이탈하고 있다.[18]

지역에서 일어나는 이탈 과정과 문화 전반적으로 일어나고 있는 이탈 과정이 결합하게 되면 리더들은 더욱 힘들어진다. 전통적인 관계가 단절되면 온갖 종류의 새로운 실험이 등장하고, 과거에는 응집력 있던 그룹들이 쟁점을 놓고서 이견을 보이고 다투기 시작한다. 바로 그때 교회의 전반적인 생활 방식은 급속하게 부식되어 간다.

이 단계에서 몇 가지 관찰 사항을 더 언급할 필요가 있다. 근대성의 본질적인 특징은, 장래 계획에 기여하지 않는 과거의 모든 것들은 제거하고 단절시키고자 하는 것이다. 생각의 비판적 전환은 행동을 결정하거나 형성하는 일에 있어 전통이나 다른 어느 외적인 원천에 대해서도 권위를 거부하는 것이다. 생각의 비판적 전환에 대해서는 데카르트의 유명한 격언인 '코지토 에르고 숨' cogito ergo sum, "나는 생각한다, 고로 나는 존재한다."를 살펴보라. 이 말은 외부에 있는 기준이나 제도, 존재와 맺는 관계가 아니라 개인의 인식이 사람됨의 원천임을 시사하고 있다. 근대성은 과거의 전통과 자아의 자율적 이성이 아닌, 다른 권위와의 불연속성 및 이탈이라는 근본적인 전제에 기초하고 있다.

이에 대해서 최소한 두 가지 중대한 결과가 발생한다. 첫째 역사상 다른 어떤 시기와는 비교할 수 없을 정도로 커다란 변화가 300년 동안 임하게 되었다. 이 변화들은 너무나도 극적이고 포괄적이며 편만해서 우리는 지금도 여전히 그 변화가 우리의 삶과 사회 시스템에 끼친 영향에서 벗어나기 위해 분투를 벌이고 있다. 둘째, 이 변화의 대부분은 전통이나 과거와 관계 없이 발생했다는 사실이다. 그 결과 많은 사람들이 방향 감각을 상실하게 되었으며, 이해할 수도, 통제할 수도 없는 변화의 소용돌이에 사로잡혀 있다고 느끼게 되었다. 지금 우리는 지난 몇 세기에 걸쳐 형성된 모든 사회 제도들이 급격히 와해되는 깊은 소용돌이 속을 항해하고 있다.[19]

이탈 단계에서 리더의 역할
이 세 번째 단계에서 매니저, 카운슬러, 또는 역할 수행과 기교를 지닌 목회자의 리더십은 새로운 사회적 상황을 효과적으로 다룰 수 없을 것이다. 이 단계에서는 다른 종류의 반응이 요구된다. 이것은 엄청난 도전이다. 리더들이 전혀 예상치도 못했던 변화의 소용돌이에 갇히게 되었기 때문이다. 현재 리더들에게는 예상하고, 창조하고, 그들의 제도적 문화를 개선해 나갈 적응 기술 adaptive skills이 필요하다. 리더들이 훈련받은 목회 기술은 중요한 것이지만, 그들이 직면하게 될 모든 것을 다루기에는 역부족이다.

불연속성과 이탈 가운데서 변화는 마치 일련의 지진과 곧이어 일어나는 여진처럼 계속해서 일어난다. 리더들은 그 변화들이 줄어들거나 사라져서 마침내 안정된 시기가 되돌아오기를 기대한다. 따라서 리더들은 기본적으로 시스템이 균형을 되찾을 때까지 싸우면서 전진해 나가려고 한다. 그렇지만, 그런 일은 일어나지 않을 것이다. 충격과 지진은 계속해서 일어날 것이다. 우리에게는 충격적인 일이지만, 끝이 없을 것이다.

4. 과도기

이 단계는 가장 힘든 단계이다. 이전 세계에 속하는 안정성과 예측가능성 및 통제는 오래 전에 사라졌다. 과거의 틀에 속하는 전통은 이제 문화의 과도기 상태가 되었다. 상황에 대한 예상과 인식은 점점 더 실제와 부합되지 않는다. 예상과 반대로, 변화의 소용돌이는 새로운 안정기로 인도해 주지 않았다. 지금 무슨 일이 진행되고 있는지 도무지 감이 잡히지 않으며 무슨 일을 해야 할지도 혼란스럽다.

이 단계는 도로 표지판과 이정표를 잃어버린 상태라 할 수 있다. 본능적으로 안정된 장소와 평형 상태를 찾으려 하지만 어디에서도 그런 장소는 찾을 수 없다. 통제와 예측 가능성에 대한 필요성은 여전히 강조된다. 참으로 신기하게도 안정으로의 복귀를 약속하는 교회와 조직이 이 시기에 번성할 것이다. 비록 그런 교회나 조직이 진짜 그런 안정을 제공할 수 없다고 할지라도 말이다. 사람들이 안정을 찾아 헤매고 있기 때문에, 안정을 제공해 줄 수 있다고 말하는 교회나 조직에 부나비들처럼 모여든다. 그렇게 되면 설상가상으로 그런 교회들이 번성하게 되기 때문에 마치 그 약속이 입증되는 것처럼 보이게 된다. 그리고 그런 교회들은 일반적으로 중산층을 중심으로 이뤄진다. 그렇게 되면 다른 교회의 리더들은 그러한 교회를 희망의 지표로 보고 그들의 전략을 카피한다. 그러나 그렇게 하는 것은 그들 주위에서 일어나고 있는 과도기를 수용하고 그 요구 사항들을 정직하게 다루는 일에서 더 멀어질 뿐이다.

최근 교회 성장과 구도자 중심의 리더십에 초점을 둔 콘퍼런스가 있었다. 그 콘퍼런스에서 한 메노나이트 교단 목사를 만났다. 메노나이트들의 신학과 교회관을 볼 때 그 콘퍼런스의 성격과 어울리지 않는 것 같아서, 나는 그 목사에게 어째서 메노나이트 목사가 그런 행사에 참석했느냐고 질문을 던졌다. 그의 대답은 신속하고도 직설적이었다. "그게 먹히니까요!" 대대적인 불연속성과 이탈 현상, 과도기의 와중에서 리더들은 실제로 벌어지고 있는 일을 이해하기 위해 충분히 생각하기보다는 '먹히는' 것을 찾는다.

사람들은 이전의 안정과 전통의 시기로 되돌아갈 길을 찾기 위해서 먹히는 것을 찾는다. 난파를 당한 로빈슨 크루소처럼 우리가 가장 먼저 하는 일은 원래의 삶으로 되돌아가기 위해서 보트를 만들려고 노력하는 것이다. 크루소는 그 섬에서 살기 시작하면서 이전의 방식을 사용했지만 곧 완전히 다른 장소에서 살기 위해서는 새로운 기술을 개발해야 한다는 것을 깨달았다. 북미 교회가 바로 이 처지에 있다.

이 단계가 시작되면 자신의 환경을 통제할 수 없다는 상실감에서 오는 스트레스가 굉장히 심하다. 리더들은 이 일에 다양하게 반응한다. 그들은 시스템의 근본적 성격은 바꾸지 않으면서 통제력을 다시 회복할 수 있다고 약속하는 외적 자원들을 찾아다닌다. 그들의 일차적인 목표는 그들이 가지고 있는 틀의 내적인 통일성을 유지하려는 것이다. 그들은 대체적으로 시스템 자체를 다시 만드는 문제에 대해서는 거의 생각하지 않는다.

그러나 사실 이 단계는 엄청난 기회의 순간이기도 하다. 뭔가 새로운 것이 출현할 잠재성이 아주 강하다. 오늘날 대부분의 교회와 교단이 바로 이 단계에 속해 있다. 이 단계는 중압감이 심하기는 하지만, 하나님께서 이루고자 하시는 이 땅의 교회의 미래를 발견하기 원한다면 그 정도 중압감은 감당해야 하지 않을까.

5. 재형성

재형성reformation의 단계는 교회가 불연속성, 이탈, 과도기를 통과해 나가면서 틀을 다시금 고안해 내고자 할 때 일어난다. 이 단계는 또한 전통을 재창조하고 참신한 안정성을 발견하는 새로운 시기에 도달할 때 이루어진다. 이 기간 동안에 교회의 진정한 말씀은 새로운 구조와 역할, 기대가운데서 다시 새로운 틀을 입게 된다. 기독교적 삶에 대한 지속적이며 기본적인 서사는 재수용된다. 그러나 그 재수용은 그 말씀 주위의 모든 틀들이 급격하게 근본적으로 바뀌면서 일어난다. 새로운 언어, 새로운 일단의 역할들, 새로운 규칙들이 등장하고 이전 시기의 안정과는 닮은 점이 거의 없는 삶의 구조와 방식이 나타난다.

불행하게도 내가 보기에 북미 교회들은 이 단계에 오려면 아직 멀었다. 우리는 그저 네 번째 단계인 과도기의 시작 단계에 와 있을 뿐이다. 이 마지막 두 단계를 통해 떠오르게 될 교회가 어떤 모습일지 아직 모른다. 그리고 앞으로 얼마나 오랫 동안 지금 상태에 머물러 있게 될지도 모른다.

불연속적 변화 속에서 일하는 법

68페이지에 있는 숫자 8 모양의 도표가 말해 주고 있듯이 이 단계들은 순차적으로 일어나지 않는다. 또한 이 과정을 곧이곧대로 해석하는 것은 이 과정을 지나치게 단순화하고 행간의 의미를 놓치는 결과를 낳는다.

어떤 모델이 유용한 이유는 a) 복잡한 변화의 전반적인 흐름 가운데서 우리 자신과 우리 문화, 교회 시스템이 어느 자리에 있는지를 파악하게 해주며, b) 우리가 그 과정을 함께 논의할 때에 무슨 일이 일어나고 있는지 공통의 언어로 말할 수 있게 해준다는 것이다. 현재 우리가 어디에 있는가에 대해서 이와 같이 단계를 나누고 정의하는 것은 이러한 변화의 여정에서 앞으로 전진하는 데 매우 중요한 역할을 한다.

각 단계들은 미리 맞추어 놓은 각본대로 진행되지 않는다. 한 단계에서 다음 단계로의 진행은 오랜 기간에 걸쳐 일어난다. 각 단계 사이에도 여러 기간들이 있는데, 이 기간들은 이전 단계가 새롭게 등장하는 단계에 굴복해 나가는 과도기 단계transition zones들이다. 전 단계의 모든 요소는 그저 폐기되거나 망각되는 것이 아니라, 현 단계에 영향을 주는 습관이라는 기억으로 남는다. 그렇기 때문에 단순히 해당 단계에만 집중하고 그것이 현재와 미래와 전부라고 믿는 것보다는, 전체적인 변화 과정 가운데서 현재 위치를 파악하는 것이 중요하다.

각 단계에서 다음 단계로의 이동은 결코 부드럽고 한결같은 진행이 아니다. 그 이동은 힘들고 불확실하며 혼란스럽고, 멈추었다가 진행하고 물러났다가 앞으로 나가는 과정이다. 이것이 지난 20세기 후반기 내내 진행되어 온 변화의 특징이었다. 이것이 바로 근대성과 기독교가 가속화시켰던 단절 과정들이었다. 안정적이고 편리하게 움직였던 기독교 세계가 현재의 모습처럼 문화의 중심에서 밀려나게 된 변화는 최소한 지난 300년에 걸쳐서 진행되었다. 다음 단계로 진입하게 되면서, 점점 더 충격적이며 힘든 때가 오고 있다.

과도기로부터 재형성re-formation 단계로의 전환은 여전히 우리 앞에 놓여 있는 지난한 여정이다. 재형성의 단계는 이 과도기에서 우리가 어떻게 적응하고 바뀌느냐에 따라 형성될 것이다. 그 전환은 아마도 2, 3세대 정도가 걸릴 것이다. 바로 이 점 때문에 리미널과 이머전트가 향후 몇 년 동안 함께 힘을 합쳐야 한다. 우리 모두가 겪고 있는 변화의 과정은 스타일이나 세대 차이 같은 것을 놓고서 두 파 사이에서 갈등을 벌이는 일 이상의 것이다.

현재 우리는 모두 대대적인 과도기의 초기에 속해 있다. 리미널도 이 머전트도 이 시기에 중요한 통찰과 가치를 제시한다. 우리는 어느 누구도 명확한 대답이나 완벽한 해결책을 발견할 수 없는 이 시기에서 공통의 기반을 발견할 필요가 있다. 우리를 향수에 젖게 만드는 〈70년대 쇼〉 That 70s Show 1970년대를 배경으로 해서 만든 코미디 시트콤처럼 과거로 복귀할 수도 없으며, 〈스타 트렉〉 시리즈 Star Trek series처럼 현재를 건너뛰고 아무도 가 본 적 없는 곳으로 훌쩍 날아갈 수도 없다. 오히려 우리는 우주선 '바벨론 5호' Babylon Five에 타고 있으나 자기들의 현재 상황이 어떤지를 알기 위해서 애를 쓰고 있는 기이한 갖가지 생명체들에 더 가깝다. 우리는 하나의 생활 양식이 끝났고, 하나의 세계가 사라져 버렸음을 알고 있다. 그러나 미래가 어떤 모습이 될 것인지는 아무도 모른다. 우리는 이 장소에서 함께 더불어 지내는 새로운 방법을 찾아내야 한다.

앞서 이야기한 것들을 네 가지 원리로 정리해 보고자 한다.

1) 특정 순간의 변화는 따로 취급해서는 안 되며 각 단계의 일부로 이해되어야 한다.
2) 안정기 단계에서의 일차적인 기술들은 물려받은 전통과 틀을 관리하고 수행하는 일을 포함하는 기교적인 것이다. 고전적인 목회 훈련은 이 시기에 형성되었다. 변화는 진화적이며 발전적이다.
3) 첫 단계를 넘어서면서 관리 이상의 것이 요구된다. 즉, 기교적인 역할을 수행하거나 관리 기술에 집중하기보다는 적응 리더십이 더 중요해진다.
4) 리더십은 말씀과 전통 속으로 재돌입하는 일과 하나님의 활동의 창발적

emergent 형태들을 분별하는 방식을 실험하는 일 사이의 긴장 가운데서 살아야 할 것이다. 이 과정에서 리미널과 이머전트는 서로 도울 필요가 있다.

현재 북미 문화_{일반} _{사회}와 교회가 처해 있는 위치는 과도기_{transition}이다. 이 상황에서 리더들에게 필요한 능력을 살펴보기에 앞서, 이 논의를 밝혀 주는 우리 기독교의 일차적인 서사, 즉 성경에 있는 이야기 구조를 살펴봐야 할 것이다.

성찰과 적용

1. 잠깐 시간을 내어 당신이 속한 교회에서 목회자가 해야 할 중요한 역할은 무엇이라고 생각하는지 적어보거나 당신의 그룹과 토론하라. 당신이 열거한 일들 중에서 안정과 평형기에 직접 적용되는 사항이라고 여겨지는 것은 무엇인가? 당신의 목록 가운데서 어느 점이 관리 기술에 해당한다고 보는가? 어떤 사항이 기교적인 (전문적인) 기술인가? 관리 기술이나 기교적인 기술에 해당되지 않는다고 보이는 것이 있는가? 현재 우리가 처해 있는 과도기에 대처하기 위해 이 목록에 덧붙일 필요가 있다고 느끼는 다른 기술이나 능력이 있는가?

2. 이 장에서 설명한 변화의 다섯 단계들을 당신 자신의 말로 설명해 보고 당신의 지역사회와 교회에서 각 단계에 해당하는 예를 들어보라. 각각의 시기들에 가장 긍정적인 영향을 미치는 리더십 특성이 무엇이라고 보는가?

3. 적응적 리더십이 해야 할 일들을 위해서는 어떤 기술과 능력이 필요하겠는가? 교회를 이끌어가는 데 있어서 당신의 강점은 어디에 있다고 느끼는가? 당신의 취약점에 강하며 이 과도기에 당신이 교회를 이끌어 나가도록 도와줄 사람은 어디 있는가?

4. 지난 몇 년 동안 당신의 교회가 거쳐 간 진화적, 발전적 변화를 몇 가지 예로 들어보라. 이러한 변화의 결과는 무엇인가? 진정으로 일어나야 할 근본적인 유형의 변화에 그러한 변화들이 도움을 주고 있는가, 아니면 그 변화에 모자란다고 보는가?

5. 책을 읽기 시작하면서 당신이 가지고 있던 틀이 어떻게 바뀌기 시작했는지 생각할 시간을 가지라. 지금까지 가장 도움이 되었던 내용은 무엇인가? 당신의 교회나 지역사회에서 이러한 문제와 생각들을 함께 논의하고 싶은 사람은 누구인가?

제5장
불연속적 변화: 성경적 서사
Discontinuous Change: The Biblical Narrative

"유다가 슬퍼하며 성문의 무리가 피곤하여 땅 위에서 애통하니 예루살렘의 부르짖음이 위로 오르도다 귀인들은 자기 사환들을 보내어 물을 얻으려 하였으나 그들이 우물에 갔어도 물을 얻지 못하여 빈 그릇으로 돌아오니" 예레미야 14:2-3.

우리 시대에 하나님의 백성으로 살아가는 지혜는 두 곳에서 찾을 수 있다. 첫째는 기독교적 삶의 근본을 형성해 주는 성경 말씀이다. 그리고 두 번째는 오늘날의 교회 한 가운데서 살아가는 구체적인 현실이다. 이 둘은 서로 분리될 수 없다. 둘 다 모두 우리의 배경이 만들어낸 약속을 발전시키기 위해서 꼭 필요한 것이다. 따라서 나는 이 시점에서 성경 말씀을 통해 교회의 구체적인 현실을 소개하는 데 시간을 할애하려 한다.

이것은 과거의 어떤 순간을 다시금 끄집어 내려는 것도 아니고 어떤 급진적인 장래를 규정하려는 시도도 아니다. 그 어느 것도 교회의 현재 모습을 진지하게 다루는 것이 아니다. 이러한 두 입장은 서로 다르기는 하지만 혼란에 빠져 있는 교회의 현실을 부정하려는 점에서는 같다. 오늘날의 하나냐가 곧 모든 것이 다시 정상으로 되돌아올 것이라고 약속한다 해도, 우물은 이미 메말랐다. 교회를 향한 희망은 찾을 수 없다. 문화를 재탈환하고 기독교적 생활을 다시 만드는 방법에서도 찾을 수 없고, 교회가 포스트모던 생활 양식의 일부에 부응하여 적응하는 방식에서도 찾을 수 없다. 시들어가고 있는 교회를 살릴 해답은 어디에도 없어 보인다. 하지만 우리에게 직접 말씀하시는 하나님의 음성을 기꺼이 들으려고 하는 데서 실마리를 찾을 수 있다. 예레미야서는 지금 우리가 살아가고 있는 이 과도기를 향하여 말하고 있으며, 우리가 불연속적 변화의 시대에 뛰어들 수 있는 방법을 분별할 수 있도록 풍성한 자원을 제공해 주고 있다.

불안과 혼란에도 불구하고, 교회는 과도기에서 번성하는 법을 배울 수 있다. 예레미야서와 같은 성경 말씀들은 우리의 직관과는 어긋나는 것처럼 보일 수 있는 소망의 길을 제시해 준다. 내가 이 자료를 콘퍼런스에서 제시하면, 사람들은 매우 다르게 반응한다. 어떤 사람들은 날카롭게 반발한다. 그들은 아무런 희망도 보지 못한다. '관리'와 '통제'를 위한 전략이 전혀 없기 때문이다. 어떤 사람들은 내 제안을 수용하면서도, 우리에게 친숙한 틀에서는 아무런 답을 발견할 수 없는 상황을 어떻게 이끌어가야 할지 알고 싶어 한다.

예레미야서에 보면 하나님이 유다에게 개입하셔서 유다와 씨름하시는 이야기가 나오는데, 이는 우리의 쟁점을 둘 다 소개하는 것이다. 예레미야는 리미널과 이머전트 모두를 향해 말한다. 나중에 이 점에 대해서 좀 더 상세하게 검토하겠지만, 앞서 우리가 간단히 정리했던 변화의 다섯 단계들을 성경 말씀이 예시해 주고 있는 방식들에 대입해 간단히 요약해 보겠다.

안정기: 언약 파트너로서의 삶

규모 면에서 보면 이스라엘 역사에는 현재 우리가 경험하고 있는 것보다 훨씬 크고 대대적인 불연속적 변화들이 늘 존재했다. 현재 우리가 겪고 있는 특별한 순간은 정열적이시며 가차 없으신 하나님과 성경 말씀으로 빚어진 사람들이 만나는, 현재도 진행 중인 서사의 일부일 뿐이다. 교회를 재형성하고 있는 동요와 불연속성은 하나님의 목적이나 활동하심과 무관한 것이 아니다. 그러한 일들이 유다에게 그랬듯, 우리의 삶에 반응하시는 하나님의 역동적인 방식의 일부이다.

구약 성경의 서사들은 하나님이 그분의 백성에게 개입하시는 일의 포괄적인 기록으로 이루어져 있다. 이 관계는 이스라엘 백성들이 자신들은 결코 상상조차 못했던 방식으로 변화해야 했던 힘든 관계였다. 예수님의 탄생에 이르기까지 이스라엘 백성의 여정을 전체적으로 살펴보면, 그 가운데서 변화의 다섯 단계들에 대해 많은 예를 찾을 수 있다. 이스라엘 백성이 여호수아와 함께 가나안 땅으로 들어가는 이야기를 생각해 보자.

이스라엘 백성은 그 땅에 들어가서 먼저 그 곳에 자리 잡고 있던 많은 부족을 정복한다. 그리고 중앙 정부가 전혀 없는 느슨한 부족 연맹체의 형태를 이루어 하나님의 언약 파트너로서 살기로 한다. 여호와는 그들의 보호자로서, 그들을 지구상의 다른 모든 민족과 구별하는 특정한 정체성과 생활 방식을 제공해 주신다. 그 땅에서 이스라엘은 광야에서 방랑하는 부족이었을 때나 혹은 더 뒤로 가서 애굽에서 노예로 살던 때와는 완전히 다른 생활 방식에 적응하기 시작했다.

하나님은 광야 생활과 언약에 대한 헌신으로 형성된 관계를 새 땅에서 살아가는 그들 삶의 근간이 되게 하셨다. 주변 국가들처럼 왕의 보호 아래서가 아니라 하나님의 보호 아래서 살아가는 일도 거기 포함되었다. 하나님과 그들의 관계는 우선적이고, 구체적이어야 했다. 이스라엘은 구별된 민족이 되어야 했다. 그 말은 하나님과의 언약 관계에 의해 형성된 문화와 사회를 표출하는 민족이 되어야 했다는 뜻이다. 이스라엘이 약속의 땅에 들어갔을 때, 그들은 자신들이 출애굽이라는 강력한 사건에 의해 형성된 백성이며 세상을 위한 사명을 지니고 있다고 생각했다. 불행하게도 이 전통적인 정체성은 그리 오래 지속되지 못했다.

불연속성: 흡수되고 합병된 언약 생활

그 땅에 남아 있던 다른 종족들과 그 일대의 대국들이 이스라엘 부족 연맹체에 압력을 가했다. 이스라엘 부족들의 신정 정치체제가 그들을 불편하게 한 것이다. 그리하여 이스라엘 백성들은 군주제로 부족을 재형성하자고 요구하기 시작했다. 원로들과 옛 전통에 뿌리 내리고 있던 사람들은 이 변화의 요구에 저항했다. 일련의 카리스마 있는 사사들이 왕을 대신할 대안으로 떠올랐고, 그 대안은 한동안 백성들의 우려를 해소해 주었다. 그러나 변화의 힘은 이스라엘의 느슨한 혈연 체제에 계속 압박을 가했다.

이탈: 위기와 혼란

이스라엘 사람들은 갈등을 피하기 위해서 주변 집단들과 협정을 맺고 무역을 시작했다. 그 일은 그들의 경제적이며 정치적인 지배를 공고히 하기 위한 노력에서 나온 것이기도 했다. 그렇게 하면서 그들은 언약의 의미와 이미지들을 새로 작성했다. 언약의 일차적인 요구 사항들은 서서히 주위의 문화에 병합되거나 흡수되었다. 하나님과 언약 관계에 대한 허위 이미지를 만듦으로써 그들이 살아가는 이유와 목적, 정체성에 대한 허위 이미지를 갖게 되었다.

대규모 위기가 찾아왔다. 느부갓네살은 약속의 땅을 침공하여, 성전을 파괴하고 예루살렘의 성벽들을 허물어 버렸다. 그리고 유다에서 가장 뛰어난 자들을 포로로 잡아서 바벨론으로 끌고 갔다.

선지자들의 경고가 있었지만, 이스라엘 백성들은 주전 587년에 벌어진 대참사를 이해하거나 받아들일 수 있는 틀을 전혀 갖고 있지 못했다. 이 참사는 정치적 위기였을 뿐만 아니라 믿음과 정체성의 위기였다. 그 사건은 세계의 상실과 끝이었다. 그 결과 완전한 방향 상실과 혼란이 도래했다. 이 참사는 총체적 충격이었다.

백성들은 완전히 새롭고 낯설며 위협적인 세계와 맞닥뜨렸다. 시편 137편 4절이 말하고 있듯, "우리가 이방 땅에서 어찌 여호와의 노래를 부를까."라고 울부짖었다. 이것은 그저 수사적인 질문이 아니었다. 그것은 자기들의 세계를 상실해 버린 혼란에 빠진 백성들의 비통한 외침이었다. 그들은 버림받고 방치되었다는 비통함과 고통, 깊은 분노 가운데서 살고 있었다. 하나님의 왕국이 주류 문화의 가치와 관습의 손을 잡았는데도, 이스라엘 백성들은 실제로 무슨 일이 일어나고 있는지 이해하지 못했다.

과도기: 하나님을 재발견

바벨론 유배 생활은 유다가 예루살렘에서 이탈되었음을 의미했다. 히브리 사람들은 이 낯선 이방 땅에서 어떻게 살아야 하며 하나님에 대해서 어떻게 생각해야 할지 몰랐다. 그러나 유배 생활의 상처와 혼란의 와중에서, 바로 그 때문에, 그들은 하나의 민족으로서 자신의 소명, 그들을 특별하게 불러내셨던 하나님에 관한 가장 근본적인 서사들을 재발견하기 시작했다. 이 일에는 전적으로 새로운 관점으로 그들의 일차적인 이야기와 전통에 재진입하는 일이 내포되어 있었다. 그 관점은 권력과 권위로부터 나온 것이 아니다. 그들이 답을 찾기 위해서 성경으로 되돌아갔을 때 그들의 상실감과 혼돈의 바닥에서 떠오른 것이었다. 그들은 오직 이 모호한 자리에서만 하나님의 기질과 하나님이 그들에게 의도하셨던 미래를 분별할 수 있었다.

유배지는 백성들이 옛날 예루살렘의 꿈을 고통스럽게 단념한 장소가 되었다. 이 일은 즉시 일어나지 않고 몇 세대에 걸쳐 일어났을 것이다. 또한 단념하는 과정에서 이스라엘은 하나님의 말씀과 그들의 전통을 재발견하는 데 여러 해를 보내야 했을 것이다. 그것들은 그들이 오랫동안 고국의 주변 문화에 순응하는 과정에서 뒤엎히고 상실된 것들이었다.

호세아는 위로와 만족을 찾아 하나님을 등졌던 이스라엘에게서 사랑을 되찾으려는 연인처럼 행하신 하나님을 상징하기 위해 광야와 유배지라는 은유를 사용했다. 유배지는 하나님이 포기하셨다는 상징이 아니라, 하나님의 자비하신 예비의 상징인 것이다! 바벨론은 이스라엘 백성이 과거에 당연시했던 하나님과 전통에 대한 이해를 근본적으로 재고해야 했던 장소였다. 오직 이 긴 과정을 통해서만 새로운 상상력, 즉 하나님의 백성으로서 새로운 정체성이 구현되기 시작하는 것이다. 바벨론 유배는 이스라엘의 과도기였다.

재형성: 고향으로

귀양살이 70년 거의 3세대을 지나, 유배 생활과 언약에 관한 기억을 회복하는 과정을 통해서 새로운 세대가 떠오르게 되었다. 에스라와 느헤미야는 예루살렘으로 복귀하여 무너진 성벽을 다시 쌓고 성전을 재건할 꿈을 피력하기 시작했다. 그들은 과거의 정상 상태로 복귀하기를 시도했지만, 그 과거가 재현될 수 없음을 알게 되었다. 너무나 많은 것이 바뀌어 버린 것이다. 너무나 많은 것이 불안정했다.

이스라엘의 역사는 교차로에 섰다. 그들은 제국의 군홧발에 짓밟히는 밑바닥에서 살고 있었다. 하나님의 미래를 향한 그들의 꿈에는 과거의 영광을 따라 잡겠다는 기대가 포함되어 있었다. 다윗 왕조는 그들의 어깨 너머로 하나님의 미래를 상상해 보는 거울이었다. 오직 디아스포라 공동체 안에서만 진정으로 새로운 형태의 삶이 등장할 것이었다.

고국 땅으로의 복귀는 다른 미래를 향해 과도기를 겪는 사람들에 대한 기록이다. 열정은 물론 회복의 열정이었다. 그러나 그것은 미래로의 복귀이다. 꼭 필요한 일도 있었으며 예를 들어, 성벽을 다시 쌓는 일과 같이 그들의 역사와 전통 및 이전의 기술을 기억해 내는 일도 필요했다. 그러나 이것이 유배지에서 돌아온 이스라엘 백성들이 가지고 있었던 유일한 기대는 아니었다.

오늘날의 과도기

문화와 조직, 개인은 결코 끝나지 않는 형성, 가속화, 위기, 과도기 그리고 재탄생의 과정을 겪는다. 이 과정이 바로 이스라엘에서 계속해서 진행되던 현실이었다. 마찬가지로 지금 우리 시대에도 진행되고 있는 과정과 단계가 있다. 우리 시대는 새로운 시기이다. 그렇지만, 하나님의 목적이라는 맥락에서 보면 이 시기도 새롭거나 독특한 것은 아니다. 이러한 새로운 시기는 이미 이스라엘의 역사에서, 이스라엘과 하나님과의 관계에서 거듭 일어났던 일이다.

많은 면에서 오늘날의 교회는 유다가 바벨론에서 맞이했던 과도기와 비슷한 단계에 놓여 있다. 우리가 서 있는 자리는 커다란 도전과 위협으로 가득 차 있다. 하지만 동시에 기꺼이 경청하고 이해하고자 하는 사람들에게는 커다란 기회의 장이기도 하다. 만일 우리가 교회를 변혁시키고자 한다면, 과도기에 해당하는 우리 시대의 위협적인 요소들을 이해하고 기회를 수용할 필요가 있다. 그런 점에서 '경계성' liminality 이 개념에 대해서는 6장에서 자세히 설명되어 있음 이라는 개념을 확실하게 파악할 필요가 있다.

성찰과 적용

1. 바벨론 유배와 오늘날의 사회 가운데서 기독교가 차지하는 위치에는 어떤 유사점이 있다고 보는가? 차이점은 무엇인가? 이 은유가 우리 문화 가운데서 우리를 미셔널로 이해할 수 있게 해주는 데 어떤 도움을 주는가?

2. 성경의 서사 가운데서 이러한 다섯 단계의 변화를 보여 주는 다른 말씀들을 생각할 수 있겠는가? 어떤 말씀들이 있는가? (이 책의 8장을 보면 몇 가지 예를 더 찾을 수 있을 것이다.) 일반 역사 중에서 이러한 단계들을 잘 보여 주는 예를 생각할 수 있는가? 각각의 예를 서로 얘기해 보라.

3. 유다가 그러했듯이, 답을 얻기 위해서 성경의 서사로 복귀하려면 우리는 어떤 약속을 의지해야 하는가? 우리가 이렇게 할 수 있는 최선의 길은 무엇인가? 성경의 어떤 부분이 이 소망을 마음에 품고 공부하는 데 가장 큰 도움이 된다고 생각하는가?

4. 우리 시대가 처해 있는 과도기 가운데서 우리가 맞이하고 있는 위협과 기회가 무엇이라고 보는가? 그 위협과 기회는 바벨론에서 유다가 맞이했던 것과 어떤 점에서 비슷하고 어떤 점에서 다른가? 우리가 위협에 대처하고 기회를 수용할 수 있는 최선의 방법은 무엇이라고 생각하는가?

제6장
경계성 – 과도기의 특성
Liminality–The Character of Transition

　　　　　　　　　미국의 정치 드라마 〈웨스트 윙〉West Wing의 한 장면이다. 대통령과 보좌관들이 두 번째 임기를 위한 정책 세우기에 돌입했다. 강력한 로비 그룹들이 주목을 받기 위해 경쟁적으로 애를 쓰면서 대통령의 재선을 후원하는 대가로 요구 사항들을 제시하고 있다.

　　대통령 직무실에 앉아 있는 한 사업가는 소프트웨어 디자인을 아시아로 넘길 수 있도록 규정하는 법안에 대통령이 반드시 서명해야 한다는 점을 누누이 강조한다. 그 사업가는 그 정책이 세계 시장에서 경쟁력을 보장해 줄 것이며, 향후 10년간 수천 개의 새로운 하이테크 일자리를 창출할 것이라고 주장한다. 대통령은 그 법안을 실행했을 경우 단기적으로 얼마나 많은 일자리가 사라질 것인지 알고자 한다. "아마도 만 자리 정도일 것입니다. 그 이상은 아닙니다." 그들은 그 법안을 통과시키기로 한다.

그런데 한 보좌관이 그 결정에 반대한다. 그는 대통령이 첫 선거 캠페인을 펼칠 때 노조에게 직장을 보호 받게 해주겠다고 약속했음을 강조한다. 대통령은 그 사실은 인정하지만, 자신이 세계화를 통제할 수는 없다고 주장한다. 그가 할 수 있는 일은 다만 미국인의 생활에 세계화가 미치는 영향을 호전시키는 일밖에 없다는 것이다. 이 이상주의적인 보좌관은 약속을 지키는 것이 중요하다는 말로 맞받아쳤다. 그 말에 대해서 대통령은 정치적 결정의 현실에 대해 일장 연설로 답하고 노동자에 대한 자신의 애착을 다시 언급했다. 비록 그 결정이 소수의 사람들에게는 힘든 일일 수 있지만, 장기적으로는 더 많은 일자리를 창출할 것이라는 게 대통령의 주장이었다. 지금 정부가 해야 할 일은 직장을 잃게 될 노동자들을 위해 직업훈련 기금을 제공해야 한다는 것이었다. 그런 다음 대통령은 그 보좌관에게 노동조합 리더들을 만나서 그들에게 지구촌화된 세계에서 예측할 수 없는 변화에 비추어 볼 때, 이것이 최선의 결정이었음을 납득시키라고 말한다.

다음 장면에서 그 보좌관은 한 명의 노조 지도자와 두 명의 노조원과 함께 앉아 있다. 한 노조원은 남자고 다른 노조원은 여자다. 그 사람들은 정책 변화에 영향을 받게 될 사람들이었다. 노조 지도자는 언쟁을 하지도 권력 정치를 활용하지도 않았다. 그저 자기와 함께 온 노조원들을 소개했다. 그 두 사람은 컴퓨터 프로그래머들이었다. 노조 지도자는 일자리를 잃게 될 노동자들이 만 명이 아니라 3만 명 이상이 될 것 같다고 설명하고는 자리를 떠난다.

이십대 후반에 들어선 여성은 하이테크 일거리들이 해외 외주로 전환

됨으로써 자신의 컴퓨터 엔지니어링 대학 졸업장이 무용지물이 되었다는 사실에 경악한다. 보좌관은 그 여성의 갈등에 공감하면서 정부가 직업훈련에 수백만 달러를 제공하여 그녀와 같은 처지에 놓인 사람들이 새로운 직업을 찾도록 도울 것이라고 설명했다.

사십대 중반에 들어선 남자는 대학에 다니는 자녀가 둘이나 있는 가장으로서 직업 재활 프로그램을 통해서는 지출을 도저히 감당할 수 없다고 말한다. 그 남자는 이렇게 설명했다. "저는 좋은 대학교를 졸업했습니다. 그리고 내 인생에서 이 시점에 오면 가족을 부양할 수 있는 안정된 직장을 갖게 되리라고 기대했습니다. 당신은 내가 새로운 기술을 다시 익힐 수 있으리라고 말하지만, 이런 일이 나에게는 벌써 두 번째입니다! 나는 벌써 정부가 제공하는 직업훈련 프로그램 중 하나를 거쳐 컴퓨터 프로그램 분야로 옮겨 온 사람입니다. 고지서로 가득한 가정의 사십 대 중반 가장이 얼마나 더 직업훈련을 받아야 합니까?"

보좌관은 묵묵부답이었다. 방에는 침묵이 휩싸였다.

이것이 바로 '과도기'transition의 세계, 즉 과도기다.

북미 전역의 교회와 교단의 젊은 리더들을 초청한 콘퍼런스에서, 한 연사가 새로운 미셔널 교회론new missional ecclesiology에 대한 신학적 설명을 제시했다. 기본적으로 그 메시지는, 때가 바뀌었으며 더 이상 그 사실을 외면한 채 아무 일 없다는 듯이 교회와 교단을 이끌어가서는 안 된다는 것이었다. 새로운 종류의 교회에 대한, 혹은 새로운 종류의 그리스도인에 대한 필요성과 실험에 대한 대화도 오갔다. 젊은 리더들은 아주 오랜 기간 동안 이어져 온 리더십 형태가 이제는 그 생명을 다했다고 이야기했다. 그러한 리더십은 우리가 만들어야 하는 교회의 모습에 장애물이 된다는 것이었다. 그러나 그렇다면 교회가 어떤 모습이어야 하고 새로 필요한 리더십은 어떤 형태인지 그들에게 물었을 때 그들의 답변은 다음과 같이 모호했다. "우리에게는 현재 답이 없습니다. 그런 것은 모두 자생적으로 떠올라야 합니다."

이 말은 솔직하게 맞는 말이다. 그러나 그 말은 젊은 리더들이 다음에 무엇을 해야 할지에 대한 실질적인 감각을 전혀 갖지 못한 채 공중에 붕 떠 있게 만든다. 이제 그들은 자기들이 무엇을 원치 않으며, 무엇을 남겨 두어야 할지 알고 있다. 그러나 현재 무엇이 필요하며 무엇을 원해야 하는지에 대해서는 거의 아무런 감각이 없다.

그들 역시 과도기라는 거친 세계에 속해 있다.

최근 나는 한 목회자로부터 이메일을 하나 받았다. 그 내용은 다음과 같다.

> 나는 미셔널 변화의 필요성을 이해하고 있는 교회 공동체의 일원입니다. 리더가 된 후 1년 6개월 동안 나는 기계의 부품처럼, '할 수 없는 일들'에 대해 전략적인 계획을 세우고 프로그램화하며 그것을 객관화시키는 패턴을 직관적으로 거부했습니다. 과거에는 이런 패턴이 교회에서 성공적이었습니다. 그러나 지금은 방해물이 되었습니다. 우리는 더욱 미셔널한 것을 추구하면서, 교회를 어떻게 이끌어가야 하는지를 놓고 갈등하고 있습니다. 종종 "어째서 앞장서서 이끌어가려고 하지 않습니깨"라는 소리까지 나옵니다. 나는 우리가 과거에 무엇을 도입해서 "교회"라고 불렀는지 어느 정도 깨달았습니다. 나는 이 일의 일원

이 되고 싶지 않습니다. 지금 당장 내가 짊어지고 있는 가장 무거운 짐 가운데 하나는 이렇게 '혼란스러운' 교회에서 리더가 되는 것입니다. 나는, 현재 사라지고 있으며 이미 사라져 버린 일을 잘 하도록 훈련 받았습니다. 나는 그 사실을 알고 있습니다. 내가 다시 편안해진다면 좋은 일이겠지만, 개인적으로 말해서 되돌아갈 수 없다는 것을 알고 있습니다.

이 목회자 또한 과도기 가운데 있다. 불연속적 변화의 세계 말이다. 우리는 우리가 어디에서 왔는지 안다. 그리고 지금 우리가 매우 다른 장소에 와 있다는 것도 안다. 그러나 모든 사람이 묻는 질문은 이것이다. "여기에서는 어떻게 해야 하는가?" 과도기는 지도가 없는 세상이다. 과도기는 큰 기회의 때이자 동시에 커다란 유혹의 때이기도 하다. 우리는 우리의 배경과 경험, 그리고 인생의 단계에 따라 여러 가지 방식으로 이 변화에 대처한다.

과도기의 이머전트와 리미널

이머전트와 리미널은 이 과도기를 다른 방법으로 다룬다. 일반적으로 리미널은 과도기를 무서워한다. 당신이 사십대 중반이고, 자녀들이 대학에 다니고 있으며, 고지서들은 쌓여가고, 은퇴 연금을 받을 가능성도 전혀 없다면, 어떻게 계속해서 불확실한 미래를 위해 재훈련을 받는단 말인가. 가족의 지형은 계속해서 바뀌고 있으며, 예측 가능했던 지도도 계속해서 바뀌고 있다.

게임을 하다 말고 어떻게 새로운 규칙을 받아들여 곧바로 게임을 이어

나간다는 말인가? 전략적인 계획과 프로그램을 사용하여 20여 년이나 교회를 이끌어온 목회자가 어떻게 새로운 기술을 배우고 새로운 능력을 계발해서 교인들의 고민과 염려를 그 즉시 해결해 준단 말인가? 어떻게 리미널이 자기가 이해하지도 못하고, 또한 사실대로 말하자면 별로 좋아하지도 않는 이 포스트모던 상황을 위해서 스스로를 재정비한단 말인가? 그들은 게임에서 정상의 자리를 차지해야 당연할 나이에 게임하는 법을 완전히 다시 배워야 할 처지에 놓였음을 깨닫고 있다. 이런 현실에 준비되어 있는 사람은 거의 없다!

이머전트도 쟁점은 다르지만 의문점은 같다. 그들은 종종 불연속성에 열광한다. 이십대와 삼십대에게 변화는 마치 마약 같다. 변화는 힘을 솟구치게 하며 자극을 준다. 변화를 타고 항해하기는 그리 어렵지 않다. 짊어지고 있는 짐도 가볍다. 그래서 신속하게 선택하고 움직일 수 있다. 인생의 모든 것이 그들 앞에 있으며, 그곳에 도달하기까지 기다릴 수 없을 정도로 마음이 급하다.

그러나 그게 그렇게 단순한가? 내가 만난 대다수의 젊은 리더들은 자기보다 앞서 가서 안전한 길로 인도해 줄 멘토가 거의 없다는 생각에 당황하고 있다. 이 사실은 그 나름의 불안을 만들어낸다. 그들이 하는 많은 실험은 실패로 끝난다. 그 결과로 온갖 종류의 개인적이며 관계적인 불확실성이 나타난다. 많은 이머전트 리더들은 그들이 하고자 하는 일의 의미와 기술을 가르쳐 줄 지혜롭고 성숙한 선배 없이 실험을 시도하고 있다. 과감하게 실험하는 것과 과거의 편견에 사로잡혀 있지 않다는 것은 뜻밖의 가치가 될 수도 있겠지만, 실제로 조직 가운데서 사람들과 동역하는 현실에서는 그것이 마치 닻이나 나침반 없는 배를 탄 것과 같다.

그러나 그 이상의 것이 있다. 현재 우리 사회를 통과하고 있는 문화적 균열은 매우 심하다. 지도도 표지판도 없이 살아가는 현실은 이머전트와 리미널 모두에게 굉장히 파괴적이다.

최근 〈뉴욕 타임즈〉에 실린 한 기고란에는 성적 활동이 시작되는 연령이 어떻게 점점 낮아지고 있는지에 대한 내용이 실렸다. 오늘날 열 살에서 열한 살 되는 연령층의 성적 활동이 활발해지고 있다. 그 연령층의 성적 행위들은 가히 충격적이다. 인터뷰에 응한 한 그룹의 아이들은 자기들의 성관계가 "이득을 주는 친구들"friends with benefits을 사귀기 위한 수단이라고 했다. 이 말의 뜻은 그들이 연인 사이가 아니어도 부담 없이 섹스를 할 수 있다는 뜻이다. 그들은 함께 섹스를 한 다음에 비디오 게임을 할 수 있다. 그런 일은 전체적으로 다 연결되어 있다. 섹스를 하는 일이나 비디오 게임을 하는 일이 그저 다 서로 함께 '노는' 것이며, 방식이 다를 뿐이다. 섹스는 친구들이 함께 할 수 있는 또 하나의 활동인 것이다! 그러나 그들이 무슨 주장을 하든지 간에 성적 친밀함의 결과들은 육체적으로나 정서적으로 여전히 동일하다. 단지 그렇지 않은 척하느라 무진 애를 쓰고 있을 따름이다.[20]

"무지개 파티"를 하는 십대에 대한 이야기도 있다. 한 그룹의 소녀들이 서로 다른 색깔의 립스틱을 칠한 후, 파티에 온 사내아이들과 오럴 섹스를 한다. 그리고 남자애들은 자기 몸에 묻어 있는 립스틱 색깔을 자랑한다. 그들은 이것을 섹스가 아니라 사회화의 정상적인 과정으로 생각한다. 그것은 섹스도 아니고 친밀함도 아니며, 서로 책임 있는 관계가 되는

것도 아닌, 그저 게임이라는 것이다.[21]

이런 젊은이들은 가르침을 상실한 세상에서 살고 있다. 오프라 윈프리나 필 박사Dr. Phil가 믿을 수 없을 정도로 인기 있는 사실이 전혀 이상한 일이 아니다. 오프라나 닥터 필은 인생 여정을 지시해 줄 표지판이나 이정표가 없는 세대들에게 사회적 도덕 기준을 제시하는 문화적 권위를 얻었다.

단순히 실험을 해보고 그 다음 다른 실험을 진행하는 것만으로는 충분하지 않다. 그렇게 하는 것은 혼란과 고통을 정직하게 대면하지 않고 뒤로 미루어둔 채, 다시 앞으로 가다가 새로운 혼란과 고통을 대면하게 되는 것과 같다. 여전히 우리에게는 멘토와 가이드가 필요하다. 우리가 향하는 여행지에 대한 지혜를 가지고 있는 사람이 필요하다. 하지만 그런 사람을 찾기는 매우 어렵다. 이러한 난국을 맞이하는 최선의 방법은 이머전트와 리미널이 이러한 문제점들에 대해 대화를 시작하는 것이다. 오직 그렇게 할 때에만 우리가 지금 어디에 이르렀으며 하나님이 우리에게 가게 하실 최선의 길이 어딘지를 아는 지혜로운 리더를 찾을 수 있다.

The Church in the Emerging Culture 떠오르는 문화 속의 교회라는 책은 이러한 과도기를 "이탈과 변화, 근대의 세계와 새롭게 떠오르는 포스트모던 문화의 세계"라고 묘사하고 있다. 레너드 스윗은 이렇게 설명한다.

우리는 이 과도기에서 경계선과 헌신의 문제들 때문에 우리의 지적 능력이 고갈되었다는 것을 알게 된다. 우리는 지금 어떤 문화에 속해 있는가? 어떤 문화에 저항하고 있는가? 어떤 문화를 변혁시키고자 노력하고 있는가? 지배적이긴 하지만 지금은 사라져가고 있는 근대 문화인가, 아니면 새롭게 떠오르고 있는 다양한 포스트모던 문화들인가? 두 개의 문화적 우주가 나란히 진행되고 있는 것 같은 현실에서 기독교적 정체성과 문화 딜레마에 대해 얘기하는 것은 오늘날의 교회에서 가장 뜨거운 감자를 끄집어내는 것이다.22)

이것이 뜨거운 감자라는 사실은 마치 이머전트와 리미널이 서로 대립적인 입장이며, 그 둘 중 하나를 선택해야 한다는 양극단의 상황을 만들 수 있다. 그러나 둘 중 하나만 선택해서는 안 된다. 그 둘을 조정해야 한다. 한 시대의 창의적 삶을 발견하는 힘이 바로 양극 가운데 자리 잡고 있다.

우리가 리더의 역할을 해야 하는 시대
월터 브루그만Walter Brueggemann은 현 시대를 일컬어 이미 사라져 버린 옛날의 상징 체계가 여전히 굉장히 중시되고 있는 시대라고 묘사한다. 일반적인 기대를 다르게 또는 더 좋게 이끌어내는 방법에 대한 명확한 이해가 전혀 없기 때문에 당혹스럽고 두려워하는 시대이다. 브루그만은 이렇게 말한다.

나는 우리가 지금 과도기에 들어와 있다고 생각한다. 우리가 경험하던 세계가 붕괴되는 것을 목도하는 시기에 있는 것이다. 우리 삶을 통제하는 수단이었던 가치 체계와 지식의 형태가 지금 큰 위험에 봉착해 있다. 그러나 목회자들은 그 문제를 심각하게 생각하지 않는다. 심지어 그 문제들이 국지적이며 개인적인 것이라고 여긴다. 그렇지만 사실 그 문제들은 우리 삶 전체의 일부이다. 두려움과 분노는 직접적이며 폐부를 찌른다. 그러나 우리는 멈추어서 우리 자신의 위기가 더 큰 위기의 일부라는 것을 알아보지 않는다. 그러나 지금 우리가 맞이한 위기는 훨씬 더 커다란 위기의 일부분에 불과하다.23)

브루그만은 이 과도기는 우리가 거주하기에 괴로운 곳이지만 머물러야만 하는 장소라고 묘사한다. 바로 지금 이 때와 이 장소 외에는 하나님이 우리에게 살아가라고 명하신 곳이 없기 때문이다.

메리 조 레디 수녀 Sister Mary Jo Leddy는 우리가 맞이한 이 과도기를 정의하길, 지난 몇 백 년 동안 북미를 수놓았던 종교 생활의 위대한 수직물編織物이 너덜너덜해져서 우리 문화의 밑바닥에 걸레처럼 버려져 있는 시기라고 말한다. 그녀는 이렇게 설명한다.

현재 우리는 종교 생활의 이전 전통적이든 자유주의적이든 상관없이 모델이 사라져가고 있는 시기와 미래의 모델이 아직 명확해지지 않은 시기의 사이라는 역사적 시기를 통과하고 있다. 이 순간의 딜레마에서 더 안전한 과거나, 현재의 불완전함, 혹은 임의대로 결정한 미래로 도피하고 싶은 유혹이 들 수 있다. 진짜 그런 유혹이 든다. 그런 유혹을 이겨낼 수 있는 것은 이 때가 바로 우리의 시간, 우리의 카이로스 kairos '때', 혹은 '계절'을 뜻하는 헬라어라는 믿음뿐이다. 이 때가 바로 우리에게 예수 그리스도를 따르는 자들이 되라고 부르신 때이며 장소이다. 창조와 성육신과 구속의 신비를 삶으로 구현하도록 하나님이

우리를 부르신 더 나은 시기나 장소는 결코 없다. 지금이 바로 우리의 때이며 결국 하나님의 때이다. 24)

지금이 바로 우리의 때이다. 너무나도 단순한 이원론이 난무한 이곳에서 우리는 "우리 대 저들"이라는 사고를 그만해야 한다. 아직 우리가 근대를 버린 것은 아니지만, 지금 우리는 지난 20세기의 반을 지배했던 에토스와 경험, 가치와 태도와는 다른 곳에 와 있다. 그 시기를 이끌던 세대들은 사라져가고 있다. 그러나 아직도 그 시대의 기술과 틀, 성공을 밑바탕 삼아 일하는 많은 이머전트 세대의 리더들이 있다. 새로운 종류의 교회를 육성해 낼 수 있는 세대들은 아직까지 태어나지 않은 것 같다. 이 시대를 이끌어갈 리더들은 지금 이 책을 읽고 있는 사람들이다. 이 도전에 우리가 어떻게 대처해야 하는가?

과도기에 대한 경험

최근 작고하신 어머니의 옛날 서류철을 정리하다가 어머니가 스무 살 때 받은 편지를 발견했다. 그 편지는 외삼촌에 관한 것이었다. 그 편지의 발신자는 The King's Regiment 왕의 군사 연대로 되어 있었으며, 내용은 외삼촌이 1918년 4월 9일 프랑스 루이 강 계곡에서 벌어진 에스테레 전투 the Battle of Estaires에서 사망한 사실에 대한 간략한 설명이었다. 그 편지는 투박하고 관료적인 문투로 군번 200913, 하사 로버트 크로스비 Robert Crosbie 시신을 전혀 찾을 수 없었지만 그의 이름은 프랑스에 있는 루 기념 묘지 Loos Memorial에 새겨졌다고 알려 주고 있었다. 외할머니는 젊은 아들의 죽음을 납득할 수 없었다. 할머니는 나머지 인생을 사시면서도 끝내 그 현실을 받아들이지 않았다.

제1차 세계대전 이후에 서구 문화는 쇠퇴했다. 산업화와 기계문명의 세계가 몰고 온 전쟁이라는 새로운 현실에 준비되어 있는 사람은 아무도 없었다. 기관총이나 독가스, 탱크나 비행기가 전혀 없던 옛날의 전술을 사용한 전쟁에서 수백만의 아까운 목숨이 꺼졌다. 그들은 예전의 '신사적인' 병영 생활에 익숙해 있어서 기계문명과 산업화가 몰고 온 어마어마한 변화를 파악할 수도, 거기에 적응할 수도 없었다.[25]

마찬가지로, 20세기 교회의 관습이나 기교, 기술, 경험을 채택하는 것만으로는 우리의 상황을 타개해 나갈 수 없다. 뭔가 다른 것이 필요하다! 안정적인 세계에서 차용한 변화 전략들은 불연속적 변화의 세계에서 잘못된 방향을 제시한다. 왜 그런가? 과도기를 살아가고 있는 사람들에게 무슨 일이 일어나고 있는가? 변화의 한 가운데서 사람들을 몰고 가는 동력은 무엇인가? 이 단계에서 하나님의 백성들이 새로운 상상력을 계발할 수 있는 기술들은 무엇인가? 이러한 문제 제기는 이 시기에 놓인 하나님의 백성들을 이끌어나가는 데 필요한 틀을 보여 줄 것이다.

사람들은 불연속적 변화 앞에 서게 되면 상황 통제력과 안정감을 회복하기 위해서 다음의 두 방향 중 하나를 택한다.

1) 이전의 전통과 습관, 생활 양식으로 복귀하거나 그것을 다시 끄집어내려고 시도한다.
2) 옛것을 버리고 새로운 미래를 창조하려고 시도한다.

다음 도표는 이 두 방향을 잘 보여 준다.

각 경우의 공통적인 목표는 가능한 한 신속하게 위기를 벗어남으로써 과도기의 불안과 모호성을 통제하고자 하는 것이다. 이 두 입장 모두 이해할 만하다. 그러나 이 두 입장은 모두 과도기가 피할 수 없는 현실이라는 사실을 제기하지 못한다. 이 두 입장은 과도기에 있는 하나님의 백성이 공동체를 형성하는 방법을 분별하는 일에 그릇된 방향을 제시한다. 과도기에는 문제점을 고쳐서 해결하려고 하거나 해답을 찾으려고 시도하는 대신에, 불연속적 상황 속에서 그것을 받아들임으로써 공동체를 형성할 수 있다.

이 두 집단은 입장의 조합이 약간씩 다르기는 하지만 교회라면 어디에나 존재한다. 어떤 사람들은 자기 교회가 좀더 '전통적'이거나 '현대적'contemporary이 되어서 성공한 교회가 되길 원한다. 또 어떤 사람들은 모든 것을 바꾸고 완전히 창발적인, 새롭게 떠오르는 신세대 교회 형태로 가기를 원한다. 그러나 과도기에서 리더가 된다는 것은 불연속의 중심에 그대로 머물러 있는다는 것, 그리고 과도기의 한 가운데서 사람들에게 일어나고 있는 일이 무엇인지를 이해하는 것이다. 어떻게 그럴 수 있겠는가?

교회를 형성하는 틀을 이해하라

변화에 대한 이머전트이나 리미널의 생각을 계속해서 형성하고 있는 하나의 확신과 실천이 있다. 우리는 사람들의 형편이나 상호 관계들이 단계적이지도 않고 예측 가능하지도 않다고 믿지만, 리더들은 종종 교회와 같은 조직들은 직선적이며 전략적인 계획을 수립해서 관리하고 통제할 수 있다는 듯이 행동한다. 우리가 받아 온 훈련과 본받았던 모델은 우리 속에 새겨져 있는 패턴과 전제들로 불연속적 변화에 반응하도록 지시한다. 다음의 도표는 그 점을 예시해 준다.

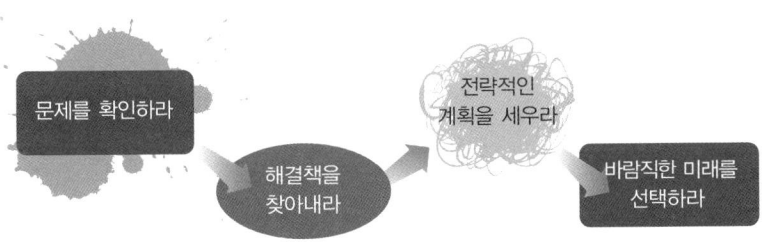

기본 전제는 어떤 문제점에 봉착하면 앞의 도표에 나와 있는 과정으로 해결할 수 있다는 것이다. 이 과정의 목표는 이미 결정되어 있는 바람직

한 미래에 근거해서 문제점을 해결할 계획을 입안하는 것이다. 그 일은 다음 단계들을 밟아서 달성된다.

1) 문제점에 관한 가능한 모든 정보와 자료를 수집한다.
2) 수집한 정보와 자료를 처리할 수 있는 단위로 쪼개서 각 요소를 분석한다.
3) 바람직한 미래에 근거해서 시나리오를 짠다.
4) 그 시나리오를 성취할 수 있는 전략적인 계획을 수립한다.
5) 인적 자원과 프로그램을 포함해서 그 계획이 이루어질 수 있도록 모든 자원을 편성한다.

만일 우리가 휴가 계획하기나 건물을 건축하기, 프로그램을 디자인하기, 설교 시리즈 만들기, 외국으로의 현장 답사하기 등을 계획하고 있다면, 이런 식으로 진행하는 것이 좋을 것이다. 그러나 불연속적 변화와 연결점 없이 일어나는 변화에 직면했을 때 이런 식의 진행 과정을 따른다면, 실제로 벌어지고 있는 일이 무엇인지조차 파악할 수 없고, 따라서 그에 필요한 조처들을 마련하는 데 실패할 수밖에 없게 된다. 그 과정은 우리가 아직도 합리적인 통제와 예측이 가능한 안정적인 환경에 있다고 전제하고 있는 것이다. 이 과정은 지난 20세기 동안 대부분 그래 왔듯이, 우리가 원하는 바람직한 미래를 규정하고 결정하고 설계한 다음 우리가 가고자 하는 목적지에 이르도록 우리 세계의 모든 요소들, 즉 교회, 자원, 금전, 인적 자원을 편성할 수 있다는 신념에 근거해 있다.

문제점은 이것이다. 그 전제는 리더십의 상상력을 전혀 건드리지 않고 고스란히 남겨두고 있다. 환경은 방향을 잡을 수 없도록 걷잡을 수 없이 동요하고 있는데, 마치 정태적이며 관리될 수 있는, 뻔한 환경인 것처럼 취급된다. 동요하고 있는 환경이란 '알 수 있는 환경' a knowable environment 이 아니다. 불연속성과 과도기의 와중에서 통제와 예측 가능성은 상실된다. 바로 이 때문에 우리가 '창발적' emergent 이라는 용어를 사용하는 것이다. 그 용어는 우리가 현재 유동적인 미래에 대해 상대적인 상태에 있음을 가리킨다. 이 미래는 예측 가능하지가 않다. 이 미래는 그 길을 따라가면서 볼 수 있을 뿐이다. 그러므로 과도기에서 미셔널 공동체들을 양성하고자 하는 리더들은 반드시 목표 지향적이며 전략적인 계획을 포기해야 한다.

리더십은 미래를 예견하는 일이 아니라 사람들 가운데서 논의의 네트워크를 형성하는 일을 해야 한다. 그 리더십은 성경과의 대화를 통해서 사람들의 삶과 현실 속으로 파고들 수 있는 능력을 말한다. 그 리더십은 새로운 접촉점을 형성하는 능력이다. 하나님의 성령께서 그러한 대화들 가운데서 커뮤니케이션과 관계 및 하나님 백성으로서의 실천에 대한 새로운 패턴들을 형성시켜 주실 것이다. 그러나 그 점을 지금 이 편에서는 예측할 수도, 통제할 수도 없다. 그 미래는 하나님의 백성들이 모호한 과도기 가운데서 성경과 대화하면서 살 때 떠오르는 것이기 때문이다.

리더들에게 요구되는 틀과 기술, 능력, 습관의 전환이 쉽게 이루어지는 것은 아니다. 그 길은 완만하지 않다. 사람들과 조직은 복잡하다. 사람들의 감정적이며 내면적이고 비합리적인 반응들은 과도기에서 큰 역할을 한다. 마치 프로그램을 진행하듯이 혹은 주형을 찍듯이 변화 전략을 적용할 수 있는 것이 아니다. 그러므로 과도기를 감당하는 리더십에는 사람들을 대화에 참여하도록 이끌어낼 수 있는 기술이 요구된다. 그러한 리더십은, 변화는 미리 정해놓은 바람직한 미래를 향해 차근차근 계획된 대로 나가는 것이 아니라 우선적으로 창발하는emerging 과정이라는 점을 이해한다. 창발성emergence은 위에서 부과할 수 있는 것이 아니다. 리더들은 더 많은 정보나 자료, 혹은 어떤 새로운 프로그램이 통제를 재확립해 주고 바람직한 미래를 만들 수 있다는 믿음을 버려야 한다. 새로운 세계는 새로운 기술과 능력을 요구한다.

변화에 저항하는 진원을 이해하라

> 변화가 위에서 추진되어 미리 정해진 길을 따라 진행되어 나갈 때나, 혹은 살아 있는 생명체의 구성원들이 변화의 산성을 향해 전면 공격 대행으로 밀집해 진군해 나갈 때, 이런 노력은 대부분 실패하기 십상이다. 그러나 창발성이 일어날 수 있도록 터를 잘 닦은 설계는 아주 다른 경험을 제공한다. 이 설계를 적절하게 동원할 경우 소위 "저항하는 다수"는 간단히 사라지게 된다.[26]

대부분의 사람들은 과도기에 머물기를 원치 않는다. 그러므로 그들은 바로 직전의 습관이나 전통으로 복귀하거나 다른 미래를 약속해 주는 리더를 찾게 된다. 사람들은 두 경우에서 모두 그들의 문화 안에서 안정과 통제와 성공을 얻기 바란다. 따라서 과도기에 대처하는 것은 굉장히 도전적인 일이다. 교회는 거대한 희망의 장소인 동시에 뿌리 깊은 저항의 장소가 된다. 그 희망을 사용하기 위해서는 저항의 진원이 무엇인지를, 그 저항을 어떻게 타개할 수 있을 것인지를 이해하는 것이 중요하다.

그에 앞서 '변화'와 '과도기'의 차이를 보여 주는 그림을 다시 살펴보자.

변화는 우리 외부에서 일어나는 것이며 전혀 통제할 수 없다.

과도기는 변화에 대한 우리의 내적 반응으로서 어느 정도 통제할 수 있다.

다시 말하지만, 변화는 바깥에서 우리에게 닥치는 것이다. 그 변화는 우리가 거의 통제할 수 없다. 그 변화는 우리의 바깥에서, 우리 주위에서 항상 일어나는 것이다. 과도기는 우리의 내면에서 일어나는 변화에 대한 반응들이다. 이 차이점을 이해하기 위해서는 교회에서 동시에 일어나야 하는, 역설적으로 보이는 두 가지 움직임을 살펴봐야 한다.

먼저, 사람들은 과거에 배웠던 습관, 가치, 패턴을 버려야 한다. 그것은 그들에게 정체성과 안정을 주었던 기지旣知의 세계이다. 이것이 바로 많은 교회와 교단이 직면해 있는 매우 힘든 요구이다. 기존의 것을 포기하는 이 과정에 돌입하지 않으면 전진할 수 없다. 그렇게 될 경우 사람들은 과거의 경험들을 다시금 되살리려고 애쓰면서 옴짝달싹도 하지 못할 것이다.

다음으로, 사람들은 기독교적 생활의 일차적인 근본 서사들과 전통으로 재진입할 필요가 있다. 이 재진입을 통해서 우리는 우리가 현재 경험하고 있는 모든 일 속에서 하나님이 의도하시는 일이 무엇인지 서로, 그리고 성경과 대화할 수 있게 된다. 이를 통해 바로 우리의 현실과 우리의 때를 위해 하나님이 주신 사명이 무엇인지, 그 사명을 감수하기 위해 우리가 어떻게 해야 하는지에 대한 감각과 의식을 일깨울 수 있다.

이 두 가지는 서로 연결되어 있다. 우리는 핵심에 재진입함으로써 이전의 것들을 포기하게 된다. 다음 도표는 이 상호적인 동력을 예시해 준다. 이제는 사라져 버린 세계로 시스템을 되돌리려는 화살표와 새로운 미래를 만들려고 하는 양쪽의 화살표에 주목하라. 핵심은 '포기'와 '기본 서사들로의 재진입'이라는 둥근 테두리를 계속해서 유지해야 한다는 것이다.

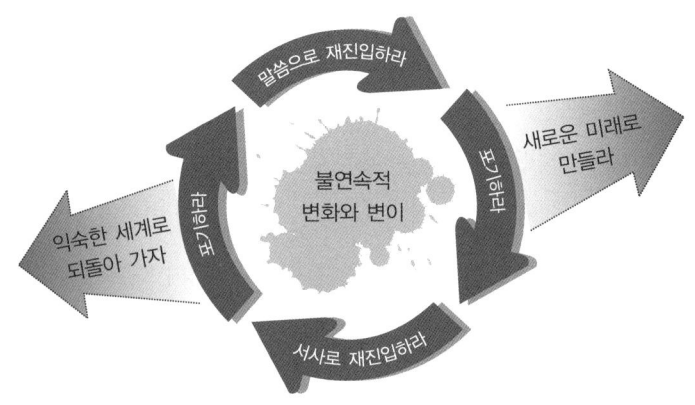

한 집단이 주변 환경에 뿌리를 내린 기간이 오래 되면 오래 될수록 북미에서 기독교가 장기간 지배해 온 시기처럼 그 집단은 주변 환경의 핵심 이야기와 가치, 습속에 더욱 젖어들게 된다. 주변 환경은 그 집단의 서사들을 자신의 서사 안으로 흡수해버린다. 그러므로 기존의 것을 버리는 과정에서는 이러한 일이 어디서 어떻게 일어나고 있는지 이해해야 한다.

과도기에는 하나의 세계가 결속력을 상실하고 와해되기 시작한다. 개인이나 공동체는 그들이 애지중지하는 생활 방식과 단절되고 그곳에서 뿌리 뽑히게 된다. 이러한 변화들은 우리를 계속해서 기우뚱거리게 만들며, 통제에서 벗어나 있다는 느낌을 강하게 들게 한다. 과거 한때 당연시되었던 전제 가치들이 더 이상 제대로 작동하지 않으면서, 의문의 대상으로 변하게 된다. 기존의 정박지가 허물어진 항구가 되어 버리는 것이다.

고대의 예배 의식과 경배로 복귀하는 것은 하나의 전통에 연결하고자 하는 이 이중적인 싸움을 표출한다. 리미널에게 안정감을 주었던 수단들은 이머전트에게는 고풍스러운 이야기에 불과하다. 많은 사람들이 영구적인 토대와 관계를 열망하지만, 이러한 것들이 발견될 희망은 거의 없다. 많은 이머전트는 결혼과 같은 근본적인 관계들이 지속될 것이라고 확신하지 않는다. 청소년 사역을 담당하고 있는 사람들은 개인의 성별이 더 이상 고정되어 있지 않다는 신념이 고조되고 있음을 보고하고 있다. 다시 말해서, 한 사람이 자신의 성적 스타일과 취향을 결정하기 위해서는 실험을 해봐야 한다고 생각한다는 것이다. 방향을 가리켜 주는 표지판들은 그 의미를 상실한 것처럼 보인다. 구세계는 해체되었다.

과도기에서 리더십이란

과도기는 우리에게 희망과 변혁의 장소가 될 수 있다. 마치 광야에서의 유랑생활이나 바벨론 유배 상태가 이스라엘에게 소망과 변혁의 장소가 되었듯이 말이다. 과도기는 단순히 외부에서 일어나는 변화 그 자체라기보다는 그 변화에 대한 우리의 반응, 우리의 응답을 말한다. 불행하게도 대부분의 리더들은 과도기의 핵심적인 쟁점을 다루지 않은 채 변화의 전략들change strategies을 창조하고 싶어 한다. 이 과도기에서 리더십이 반드시 이해해야 할 중요한 요소들이 있다. 리더들은 다음과 같은 능력을 계발해야 한다.

1) 사람들이 불연속적 변화에 어떻게 반응하고 있는지를 이해하는 법을 배움으로써 외적인 변화만이 아니라 내면의 과도기에 초점을 맞출 수 있어야 한다. 이머전트와 리미널은 변화에 대해 다른 관점을 갖게 될 것이다. 그러나 그들 모두 과도기라는 동일한 쟁점을 놓고 씨름하고 있음을 알아야 한다.

2) 사람들의 상실 및 변화의 경험들을 성경의 서사가 담고 있는 핵심적인 이야기와 전통에 연결할 수 있는 능력을 지녀야 한다. 그와 같은 상호 연결은 사람들이 하나님의 충성스러운 백성이 되는 길을 상상할 수 있게 해주는 환경을 만든다.

3) 1)과 2)의 상황이 일어날 수 있는 대화의 환경들을 개발해야 한다.

변화는 과도기를 만들어낸다! 삶을 형성하고 있는 습관, 패턴, 헌신은 버리기가 쉽지 않다. 사랑하는 연인의 죽음과 같이 그 일은 매우 감정적이다.

몇 년 전에 우리 부부는 캐나다 토론토에서 서쪽 해안 지방으로 이사하는 바람에 우리 아들과 딸을 동부에 있는 대학에 두고 와야 했다. 내 여행 스케줄이 허락하는 한, 나는 그 애들을 만나기 위해서 동부에 들른다. 그리고 다시 그 애들을 두고 떠나와야 할 때면 매번 상상했던 것보다 훨씬 더 고통스러운 상실감을 느낀다. 나는 애들과 헤어질 때면 종종 내가 그렇게 멀리 이사하기로 했다는 사실이 믿어지지 않는다. 나는 시계를 다시 거꾸로 돌려서 내 자녀들과 함께 안락하게 지내던 때로 되돌아가기를 바란다. 과도기란 힘들다!

교회와 리더들이 맞닥뜨리는 것은 그저 한두 가지의 변화가 아니다. 세상 전체가 갑자기 바뀌는 것이다. 이것이 바로 우리의 유배 생활이며 광야이다. 이 세상은 교회와 교인을 이끌어가도록 부름 받은 우리 같은 사람들에게 어떤 의미인가? 이 질문에 대답하기 위해서는 근대 이전 문화에서 이와 동일한 과정을 관찰한 문화인류 학자들의 업적을 들여다봐야 할 것이다.

근대 이전 사회의 통과의례

문화인류 학자 빅터 터너 Victor Turner는 전근대적인 사회를 연구하면서 그 사회들의 통과의례들을 관찰했다.27) 그 통과의례들을 '과도기 경험' transition experiences라고 일컬으면서 그는 다음과 같은 세 단계를 발견했다.

1) 분리 – 이전 세계의 상실

2) 경계성 – 미지의 세계로 돌입

3) 재결집 – 새로운 세계의 재등장

우리의 논의는 1) 2)에 초점을 맞추고 있다. 통과의례들은 그 문화 가운데서 중요한 사회적 사건이다. 근대 사회는 사람들을 삶의 한 단계에서 다음 단계로 전이시키는 대부분의 의례들을 상실했다.

세례식, 결혼식, 장례식과 같은 통과의례들은 더 큰 의미의 틀 가운데 우리를 자리매김해 준다. 전근대적 사회에서 통과의례는 그 사회의 정체성을 확립하는 종교적 의미로 가득 차 있었다. 그 예가 결혼적령기 소년들을 위한 성인식이었다. 이 예는 불연속적 변화 속에서 사람들에게 일어나는 일을 논의하는 데 중요한 통찰을 제공해 준다.

1. 분리

전근대적인 사회에서 소년들은 태어나면서부터 결혼적령기에 이르기까지 여성들에 의해서 양육된다. 성인 남자와는 거의 상관없이 자라난다. 아동기는 여성들과의 관계로 형성된다. 여성들은 안전과 안정으로 특징지어지는 양육 환경을 제공한다. 소년들이 결혼적령기에 돌입하면 통과의례를 거치는데 성인 남자들이 소년들을 여성 세계에서 납치해 숲 속 깊은 곳에 고립시킨다. 소년들은 생존을 위한 기술이나 틀을 전혀 갖고 있지 않다. 그렇지만 그들은 자신들만의 힘으로 몇 주 동안 그 곳에 머물야 한다.

이 사건은 안정된 세계의 끝을 알리는 신호다. 그 소년들은 갑자기 그들이 전혀 통제하지 못하는 낯선 세계로 내몰린다. 그들의 이전 생활 습관들은 더 이상 소용이 없다. 그들은 그들이 알고 있던 유일한 세계에서 분리되어 과도기 과정의 충격적인 경계선상의 세계 in-between world 로 강제 진입된다.

2. 경계성

다음 단계는 '경계성' liminality 이라고 부른다. 이 용어는 그들이 이미 알고 있는 세계에서 분리된 사람들에게 일어나는 일을 묘사하는 말이다. 경계성이란 로빈슨 크루소가 난파를 당해 황량한 외딴 섬으로 표류하게 되었을 때 겪은 일을 말한다. 난파는 그가 알고 있던 세계, 즉 생계를 유지할 수 있도록 익숙해 있던 세계에서의 분리를 의미했다. 황막한 섬은 그의 경계적 상태였다. 그곳은 이전의 생활 규칙들이 그의 생존에 아무런 도움을 줄 수 없는 아주 다른 장소였다. 그는 무시무시한 폭풍우도 통과하면서 세계를 항해하던 노련한 뱃사람이었지만 망연자실할 수밖에 없었다. 그의 방향감각은 완전히 상실됐다. 경계성은 두 가지 요소로 이루어진다.

a) **외부의 사건**: 어떤 외적 사건이나 변화가 한 개인이나 집단에 발생한다. 그 사건이 갑자기 그 집단을 익숙한 모든 틀에서부터 내몰아 혼란의 가장자리로 밀어낸다. 크루소는 난파를 당했다. 그의 배는 그에게 의미와 통제와 예측 가능성을 제공해 주는 안정된 세계를 상징한다. 불연속적 변화의 이 외적인 힘은 삶의 모든 것을 뒤엎어버린다.

b) **그 상황에 대한 우리의 내적 반응**: 크루소의 맨 처음 반응은 망연자실이었다. 습관과 의식, 질서가 사라져 버린 것에 대해 많은 목회자들이 혼란과 당혹, 우울, 또는 자신의 정체성 전체가 도둑맞았다고 느낄 수 있다. 이런 일이 어떻게 벌어질 수 있단 말인가?

경계성: 문지방 경험

그 사건과 그 사건에 대한 내면의 반응이 경계성 경험을 구성한다. 개인이나 집단이 새로운 상황에 들어가는 것이다. 그 새로운 상황이 바로 "문지방 경험"a threshold experience이다. 이것은 잃은 것과 소망, 고통과 잠재성이 있는 혼돈의 꼭대기에 자리 잡고 있는 경험이다. 그 경험이 잃어버린 과거를 회복하기 원하는 축과 대안적인 현재를 발견하고자 하는 축 사이의 복잡한 긴장 관계를 만들어내기 때문에, 그 경험을 "문지방 경험"이라고 부른다.

경계성의 초기 단계에서 리더들이 갖게 되는 최대 열망은 잃어버리고 있는 것을 회복하는 것이다. 한 집단의 사람들이 원치 않는데도 자신의 정상적인 역할과 관계를 박탈당하고 그들의 기술이나 구조가 거의 먹혀들지 않는 곳에 배치되었을 때, 그들은 다음과 같은 반응을 보이게 될 것이다.

- **혼란**: 간단한 실험을 해보면 경계성과 씨름하고 있는 사람들의 내면에서 일어나는 일을 이해할 수 있을 것이다. 사람들에게 두 문장을 불러 주고 바로 받아 적도록 해보라. 그런 다음에 다른 손으로 펜을 쥐고 새로 두 문

장을 재빨리 받아 적게 해보라. 그러나 반복하지는 말라. 이제 사람들에게 자기들이 뭘 겪었는지 말해 보게 하라. 그 사람들은 어줍은 손으로 받아쓰려고 하면서 느꼈던 당혹감을 이야기할 것이다. 그런 다음 그 사람들에게 남은 평생 동안 그 손으로 글씨를 써야 한다고 이야기해 보라. 이 말은 다음의 반응을 불러일으킬 것이다.

- **불편과 분노**: 자신들이 배운 기술이 더 이상 아무 소용없는 미지의 상황에 떨어지면, 사람들은 대부분 분노로 대응한다. 그리고 그 분노는 확산될 것이다. 사람들은 자기에게 일어나고 있는 일을 이해할 시간이나 정서적 공간도 갖지 못하고, 그 결과로 불편함의 원천을 상징하는 것이나 사람을 공격할 것이다.

- **예전 세계를 다시 끌어오려는 본능적 욕망**: 『오즈의 마법사』의 도로시처럼, 출애굽한 광야의 히브리 노예들처럼, 난파된 배의 잔해로 보트를 만들려는 크루소처럼 사람들은 집으로 돌아갈 길을 찾으려 한다.

경계성은 이전의 생활에서는 제대로 써먹을 수 있었던 많은 기술들이 더 이상 쓸모없는 장소이다. 이 사실은 한 사람의 정체성을 침해한다. 사람은 어떤 과제나 역할을 잘 수행함으로써 자신의 정체성을 확보하기 때문이다. 우리의 지위와 위신, 돈, 정체성은 우리가 수행한 실적의 대가이다. 그러나 경계성에서는 우리에게 필요한 새로운 기술과 역할이 무엇인지 모른다. 우리는 삶을 통제할 수 없으며, 위협을 받고 있다고 느낀다. 우리는 우리가 누구이며 무엇을 해야 하는지를 더 이상 확신하지 못한다.

정리하자면, 경계선상의 단계가 가지는 중요한 특징은 다음과 같다.

1) 사람들은 항상 이 단계를 상실로 경험한다.
2) 과도기를 신속하게 통과하도록 재촉할 수 없다. 과도기는 사람들이 당분간 살아야 하는 장소이다. 다음 계절로 들어가기 전에 지금 계절을 거쳐야 한다는 사실을 받아들여야 한다.
3) 대다수의 사람들은 자신이 무엇을 겪고 있는지 전혀 알지 못한다.
4) 경계선상의 상태는 감정적인 상태이기도 하다. 혼란과 불균형, 그리고 상실한 것을 되찾으려는 내면적인 충동은 새로운 세계에 대한 정보나 이미지로는 쉽게 바뀔 수 없다.
5) 리더들 역시 종종 전략적인 계획이나 더 많은 정보가 다음의 변화 단계로 이동하는 데 필요한 모든 것이라고 단정하는 실수를 저지른다. 이런 것은 심각한 실수이다.
6) 그 문제를 어떻게 타개해 나가느냐에 따라서 퇴행의 때가 될 수도 있고, 기회의 때가 될 수도 있다.

의례의 감소 - 선택의 증가

경계적 상황을 더욱 어렵게 만드는 것은 이러한 내면적 반응들이다. 사람들이 이 과도기를 통과할 수 있게 해주는 것은 현대 문화에서는 볼 수 없는 문화적 자원들이다. 현대 문화에서는 그러한 자원들이 소실되어 버렸다. 그것은 대대적인 과도기에 있는 사람들에게 의미를 제공해 주는 거대 담론이거나 종교적인 틀이다. 우리가 직면해 있는 전 세계적인 불연속적 변화와 불안은 거대한 의미의 틀을 요구하고 있다. 근대 사회에서 결혼같이 사람들에게 더 큰 의미의 틀을 제공해 주는 통과의례와 의식은 다른 것으로 대체되거나 불투명해지고 혼란스러워졌다. 현재 우리는 사라져간 생활 방식의 편린들, 그 방식을 기억나게 해주는 파편들을 가지고 살고 있다. 근대는 우리가 통과의례와 전통으로 간주하는 것에서 비롯되는 '우리를 질식시키는 속박들'로부터 인간을 해방시키기 위해서 전통의 특권을 폐지해 버렸다. 과거에는 문화를 유지하는 데 있어서 필수적이었던 의례와 전통들이 그저 과거의 메아리에 불과한 것처럼 변해 버렸다. 만연한 불연속적 변화가 우리를 경계 지대로 압박하는 순간에는 의례들, 즉 정체성을 형성하는 의미와 틀이 더욱 더 사라지고 있다.

교회는 이 세계 안에서 거주하고 있으며, 이 세계의 에토스에 상당히 물들어 버렸다. 그렇지만 교회는 우리 사회가 거대 서사 안으로 다시 들어갈 수 있는 가능성을 아직 지니고 있는, 우리 문화 가운데서 몇 안 되는 장소 중 하나이다. 근대 세계의 도전이 사태를 복잡하게 만들고 있는 것이 바로 이 가능성의 부분이다. 종교적 틀은 더 거대한 공적 질서로부터 분리되어 버렸다. 종교는 사적인 영역으로 들어갔으며 개인주의화되었다. 종교를 개인적이고 내면적이며 사적인 경험을 넘어서는 의미와 실천의 원천으로 보는 경우는 거의 사라져 버렸다. 기독교는 더 이상 공동체와 상관이 없다. 종교는 자아보다 더 거대한 초월적 의미의 틀을 제공하는 것이 아니라, 자아의 욕구와 필요를 채워 주기 위해 포장된 소비 상품이 되어 버렸다.

기독교에 대한 대화가 영성에 대한 대화로 전환된 것은 이 점을 극명하게 드러내 준다. 영성은 개인이 그 말 안에 자신의 개인적인 의미를 담기 전까지는 거의 내용이 없는 텅 빈 단어이다. 그 말은 움직이고 있는 한 사람의 내면적 자아의 필요에 맞추기 위해서 계속해서 만들어지는 상징이다. 영성이라는 것은 종교 백화점에서 소비자가 들고 다니는 쇼핑 바구니와 같다. 소비자의 구매 기준은 자신의 필요다. 자신밖에 모르는 유아기적인 영성인 것이다.

결과적으로 기독교적 삶은 점점 더 경계성의 위기를 타개해 나갈 능력을 상실하고 있다. 기독교는 아주 의심스러운 소비 품목이 되어 버렸다. 영성을 찾는 새로운 구매자들, 즉 구도자들은 목적을 발견하게 해주는 신속한 전략들로 삶을 이끌어 줄 종교 기관교회 같은에 찾아온다. 그들은 자기 세계의 소용돌이를 멈추게 해줄 만큼의, 즉 소비자가 먹기 좋은 만큼의 분량을 원한다. 그들은 건강하려면 경계성이라는 고통스러운 과정에 참여해야 한다고 제시하는 사람들에게 저항한다. 이 개인적이고 사적이 된 소비자 중심적인 종교의 틀에서 경계성이란 한 개인의 사적이며 내면적인 영성 생활을 침해하는 파괴적인 일련의 사건에 불과한 것이다.

종종 진실이라는 것이 그렇듯, 경계성이 제공하는 자유와 기회를 수용하기 위해서는 그에 수반되는 불편을 감수하고 경계성을 마주 대하는 솔직함이 있어야 한다. 우리가 살고 있는 이 세계가 점점 더 개인주의화되어 가고 있는 것이 사실이지만, 우리는 그 일을 홀로 할 수 없음을 인정해야 한다. 바로 그런 이유 때문에 나는 그 해답이 더 나은 프로그램이나 전략적인 계획 수립에 있지 않고 경계성의 마지막 잠재적인 단계인 코뮤니타스communitas에서 성경을 가운데 두고 함께 둘러앉는 데서 온다고 믿는다.

성찰과 적용

1. 당신 자신이 직접 경험한 경계성에 대한 이야기가 있는가? 아니면 그런 경험을 한 친구들이 있는가? 최근 미디어에서 그런 이야기를 본 적이 있는가? 당신은 그 경험을 어떻게 처리했는가? 이제 당신이 무슨 일을 해야 하는지를 알고 있는 상황에서 그런 일을 겪게 된다면 어떻게 처리하겠는가?

2. 경계성은 우리의 틀을 어떻게 산산조각 내는가? 그것이 사람들의 틀을 어떻게 바꾸어 놓았는가? 어떤 조정이 가장 쓸모가 있는 것 같았는가?

3. 전략적 계획 수립이 과도기에 목표를 달성하는 데 역부족인 이유는 무엇인가? 이런 일이 일어났던 예를 들어 보라.

4. 116페이지에 있는 도표를 다시 보라. 교회(회중)가 이 과정에 참여하려면 어떻게 해야 하겠는가? 성경의 어떤 서사를 가지고 출발하는 것이 좋겠는가? 전략적인 계획 수립의 접근 방법과는 상반되는 이러한 유형의 과도기 과정을 해결하기 위한 일이 무엇이라고 생각하는가?

5. 빅토 터너가 통과의례에 대해서 논의하고 있는 내용을 다시 복습하라. 비록 오늘날의 현대 서구 문화에서는 그러한 통과의례가 거의 사라져 버렸지만, 이와 같은 의례들이 얼마나 중요하다고 보는가? 다른 문화권의 통과의례의 예를 들어보고 서로 토론하라. 그러한 의례들이 공동체를 어떻게 하나로 묶어 주며, 우리가 과도기를 어떻게 헤쳐나갈 수 있게 해주는가?

제7장

경계성과 코뮤니타스
Liminality and Communitas

교회에 기반을 둔 한 기관에서 개발 분야의 부사장으로 일했던 45세의 임원이 있다. 그녀가 여행에서 돌아오자, 회장이 그녀를 불러 그녀가 맡고 있는 업무가 더 이상 필요 없게 되었다는 말을 한다. 그리고 해고된 그녀가 다른 곳으로 옮겨갈 수 있도록 도와주는 취업 기관 정보와 함께 봉투를 하나 건넨다. 이어서 고용계약 해지 협상이 시작된다. 나이 마흔다섯에 그녀는 경계지대liminality에 들어온 것이다.

당신은 예술사를 전공하고 있는 대학 졸업반이다. 데리다Derrida, 푸코Foucault, 부르디외Bourdieu와 같은 포스트모던 이론가들의 책을 읽고 있다. 당신은 한 교회에서 성장했다. 당신의 부모는 현재 이혼한 상태다. 그리고 고향에 있는 교회는 교회 음악과 세례 형식, 그리고 교회 정식 멤버로 누구를 받아들이냐를 놓고 싸움 중이다. 이러한 경쟁적이며 혼란스러운 가치들이 횡행하는 와중에 당신은 어떻게 의미 체계를 형성할 수 있겠는가? 그렇게 형성된 가치 체계는 어떤 모습이겠는가?

마이클은 지난 두 해 동안 동부 펜실베이니아 주에 있는 한 작은 시골 교회 목사로 있었다. 그는 예배 스타일과 사무실 직원, 그리고 모임의 형식에서 약간의 변화를 시도했다. 지금 그 작은 공동체에는 완전히 다른 종류의 사람들로 쇄도하고 있다. 그 사람들은 더 값싼 가옥을 찾아 시골로 이사한 도시의 전문 인력들이다. 그들은 매일 엄청나게 먼 도시로 통근한다. 그리고 그들의 생활은 기존 교인들의 생활과는 너무나 다르다. 마이클은 목사로서 자기의 능력이 나이 든 연령층으로 이루어진 작은 교회에는 적합하지만 이 모든 새로운 상황에 대처하기에는 부족하다는 점을 깨달았다. 경쟁적인 요구와 필요, 기대, 그리고 교회를 세워나가는 여러 모델이 있는 가운데 그가 무슨 일을 할 수 있을까?

우리 사회 전반에서 교회 시스템과 그 안에 있는 사람들이 그들 삶에서 일어나는 과도기와 경계성 때문에 갈등하고 있다. 교회와 교단의 모든 리더는 현재 사람들의 삶에 스며들어 있는 불안과 혼란, 분노의 깊이를 의식하고 있다.

한 교단 간부는 "변화를 일구어내는 일에 있어서 어떤 이슈들이 가장 힘든가?"라는 질문을 받자 이렇게 대답했다.

우리의 환경이라고 할 수 있는 문화 전체가 큰 짐입니다. 문화 전반에서 일어나고 있는 변화가 너무도 커서 사람들이 그 현상에 압도당하고 있습니다. 옛날 유럽적 배경을 가지고 있는 우리 교단 사람들은 현재 그들이 평생을 살아온 바로 그 동네와 이웃들 속에서 거의 다른 세상에 사는 것 같은 느낌을 받습니다. 무슨 일을 해야 할지를 생각하기가 매우 어렵게 되었습니다. 우리는 여행도 잘 다니지 않고 똑같은 일을 계속해서 반복하고 있습니다. 심지어 그 일이 제대로 돌아가고 있지 않는다는 사실을 알고 있으면서도 말입니다.

사람들은 그들의 일상생활에서 저항력이 점점 약해지고 있다고 느낀다. 그들의 관계 네트워크는 점점 약해지고 있으며 새로운 힘을 다루기가 불가능하다는 느낌이 커져 간다.

이러한 경계적 상황은 앞으로 장기간 계속될 것이다. 통상적인 교회 구조와 교단 시스템은 상당 기간에 걸쳐 무너지고 있다. 이스라엘 백성의 출애굽기처럼 이 과정은 긴 시간이 걸릴 것이다. 이스라엘 백성이 애굽에서 더 이상 견딜 수 없다는 사실을 깨닫기까지는 여러 해가 걸렸다. 애굽에서 광야로의 실질적인 이동은 아주 짧은 기간에 일어났고 기쁨으로 가득 찬 일이었지만, 진짜 작업은 광야에서 시작되었다. 한 상태에서 다른 상태로 넘어가는 데 애굽에서 약속의 땅으로의 이행 한 세대 이상이 걸렸다.

리미널과 이머전트는 비록 이 과도기를 다르게 이해하고 있지만 동일한 과도기를 겪고 있다. 이런 상황 속에서 우리가 어떻게 교단 시스템과 교회를 이끌 것인가? 그에 대한 대답의 일부분은 경계성의 또 다른 측면인 '코뮤니타스'에 있다.

경계성과 코뮤니타스

근대 이전의 문화에서 나타나는 통과의례를 연구한 터너는 결혼적령기에 들어선 소년들을 강제로 경계적 상황에 집어넣어 그들이 통과해 나가는 단계들을 기술하고 있다. 그 기술은 리미널과 이머전트가 어떻게 함께 작업을 할 수 있을지에 대한 중요한 실마리를 제공한다. '코뮤니타스'라는 용어는 경계성의 나중 단계, 즉 가능성을 담고 있는 단계를 묘사하는 말이다. 코뮤니타스는 불연속적 변화를 함께 겪고 있는 다양한 집단이 상호 관계 속에서 이룰 수 있는 일을 말한다. 그들은 훨씬 더 깊은 공동체적 연결을 경험할 수 있다. 여기, 사람들이 코뮤니타스를 향해 노력하는 여러 그룹과 조직 안에서 어떤 역할을 하는가에 대한 기본 원리들이 있다.

구조와 공동체 사이의 상호 진행

스포츠 팀이건, 교단 직원이건, 사무실에서 일하는 직원이건, 병원 직원이건, 모든 그룹은 결국 하나의 조직 가운데서 각기 역할을 구별하기 마련이다. 이러한 역할들은 시간이 지남에 따라 분명한 기능을 감당하게 된다. 예를 들어서, '목사'라는 단어는 지난 몇 세기 동안 교회를 이끌어 가는 일에 표준이 되어 왔던 일단의 기술과 능력 및 기대치를 상기시켜 준다. 목사의 역할은 설교하고 가르치고 보살피고 양육하며 고독한 자와 환자들을 심방하고 고민을 상담해 주며 결혼과 장례를 주관하는 일과 관련되어 있다. 이 역할은 환경에 따라서 요구되는 바와 뉘앙스에 차이가 있을 수는 있지만, 대체로 현대 사회에서 묘사하는 목사의 역할은 이와 같을 것이다.

시간이 지나면서 역할은 분화되고 계속해서 감당해야 할 일로 고착된다. 그렇게 됨으로써 문화 구성원들과 조직원들은 매번 자기 순서가 될 때마다 자신의 역할을 새로 고안할 필요 없이 자기들이 감당해야 할 중요한 일을 수행할 수 있게 된다. 따라서 안정적인 사회에서는 이러한 역할들이 높은 수준으로 발달해 있다. 사람들은 특권과 리더십의 위계질서에 따라 보상을 받는다. 이러한 과정에 대한 고전적인 예가 장인과 견습생 관계이다. 평등주의적인 우리 사회에서는 이러한 언어를 사용하지 않으려는 경향이 있지만, 그 말은 가치와 중요성의 위계질서 속에서 고착된 역할을 잘 드러내 주고 있다. 사회는 업무 효율성의 수준을 높이기 위해 안정적이고 반복적인 역할 수행을 정착시키려는 경향이 있다.

다음 도표는 이 과정이 어떻게 일어나는지 보여 준다. 이 도표는 교회가 지난 20세기의 대부분 동안 북미 전역에서 사회적 안정기를 거치면서 집단적인 조직체로서 어떻게 기능했는지를 보여 주는 간단한 도식이다.

조직은 문화적 환경 위에 형성된다. 따라서 중세기의 조직 구조들은 20세기와 매우 달랐다. 그 모델은 다음과 같이 정리할 수 있을 것이다.

1) 문화마다 그 문화의 상상력을 형성하고 있는 일단의 가치와 기대를 갖고 있다.

2) 교회와 교단과 같은 조직들은 특정 기간 동안 해당 문화가 요구하는 사항들에 기여하기 위해서 발전된다.

3) 그리하여 조직이 그 문화의 바람직한 가치와 미덕을 전달할 수 있도록 리더십의 역할은 발전되어 간다.

하나의 조직이 취하게 될 구체적인 형태는 문화적 환경이 결정한다. 조직 형태가 결정되면 그 조직 안에서 사람들이 해야 할 역할들이 결정된다. 장기적인 안정기 가운데서는 조직 형태와 그 안에서의 역할들이 뿌리를 내린다. 그리고 언제나 그래왔으며 그래야 하는 보편적이며 표준적인 방식처럼 보이게 된다. 그렇게 되면 문화는 탁월하게 제 역할을 감당하며 문화가 원하는 것을 제공해 주는 조직과 역할에 보상한다.

20세기의 조직 문화는 다음과 같이 정리될 수 있다.

환경	- 안정적 - 예측 가능 - 발전적
조직 문화	- 위계질서 - 관료제 - 관리자/전문가들 - 전략적 계획에 의한 편성 - 직선적
리더십 기능들	- 사람들을 관리함 - 실적을 극대화시킴 - 구조를 통제함

20세기 대부분의 기간 동안 양쪽 대양의 보호를 받으며 세계의 경제적, 문화적 중심지의 역할을 해온 미국은 안정적이며 관리와 통제가 이루어지는, 비교적 예측 가능한 환경이었다. 이 환경 속에서 북미의 천재성이 국민들에게 질 좋은 인생을 제공하는 세계를 창출할 능력을 발휘했다는 문화적 가설이 세워졌다. 이 일은 20세기 초입 무렵에 새로운 조직 구조로 발전된 유한 회사를 통해서 성취되었다.

20세기 초부터 대부분의 교회는 이런 조직을 모델로 해서 교회 조직을 구성했다. 그리고 기본적으로 그러한 조직과 똑같은 목표를 추구했다. 그 목표란 전문가들이 관리하는 중앙 통제적 구조를 통해서 사람들에게 영적 상품과 서비스를 효율적으로 제공한다는 것이다. 이러한 회사 형태는 문화에 깊숙이 자리 잡은 상징이 되었다. 20세기 대부분의 기간 동안 그 형태는 국민의 인생에 좋은 것들을 훌륭하게 제공해 주었다. 리더십 역할과 기능은 회사 조직의 필요에 부응하도록 발전했다. 대부분의 목회자와 교단 간부들은 이러한 역할들을 배웠고, 그 역할들을 표준으로 삼아 교회 시스템을 효과적으로 운영해 나갔다. 교회는 이러한 기능들을 잘 수행하는 리더들에게 보상해 주었다.

1980년대 초에 이르러 이러한 문화적 안정과 조직 형태를 이루었던 세계가 그 정당성을 급속히 상실하기 시작했다. 20세기의 마지막 20년 동안 그 세계는 믿을 수 없는 속도로 사라져 버렸다. 이 과도기가 비즈니스 세계와 같은 문화의 여러 분야에서 감지되고 있었지만, 교회는 자기들이 이 문화에 깊은 영향을 받았다는 것과, 이 문화가 그 정당성을 상실해 버렸다는 사태를 파악하지 못했다. 그 세계의 종말이 우리를 경계 상황a liminal situation 가운데로 밀어 넣었다. 아래의 도표는 이러한 변혁들에 대한 몇 가지 개요를 제시하고 있으며, 그 상황 가운데서 조직 형태와 사람들의 역할에 얼마나 대대적인 변화가 요구되고 있는지를 보여 준다.

	20세기의 기능적인 교회	창발하는 미셔널 교회
환경	안정적 예측 가능 발전적	불안정적 불연속적 창발적
조직 문화	위계질서 관료제 위에서 아래로 전략계획 중심의 편성 직선적	네트워크(망상구조) 팀 중심 대화/의식적 학습 아래에서 위로 다양성 개발 비직선적 동력
리더십 기능들	인력 관리 실적의 극대화 구조 통제	인력 관리 실적의 극대화 구조 통제

경계성의 다섯 단계

경계 지대 안에서 일어나는 일에 대한 빅터 터너의 관찰로 되돌아가 보자. 경계에서 벌어지는 일에는 다섯 단계가 있다.

1단계: 집단이나 문화가 안정된 세계에서 벗어나 전혀 가보지 않았던 곳으로, 아무도 준비되지 않은 상태로 들어가게 된다. 지난 20세기 후반에 일어난 조직 문화의 변화가 그러한 과도기들 중 하나였다. 혼란과 불안이 첫 번째 반응이다. 집단은 안정 세계로 복귀하려고 노력하거나 새로운 미래를 마련하여 그곳으로 도피를 시도한다.

2단계: 이전 상황에서 효과적이었던 위계질서와 역할들이 무너져 더 이상 이전처럼 기능하지도 못하고, 이전 시스템에서는 통상적이었던 지위도 제공해 주지 못한다. 사람들에게 지위와 특권, 권위와 권력을 제공해 주던 역할의 정체성도 더 이상 지위의 정당성을 제공해 주지 못하며, 결과수입도 보장해 주지 않는다. 사람들은 이전의 관계와 조직의 서열 형태들이 계속해서 작동하도록 노력을 기울이지만, 제 역할을 하지 못한다. 짧은 기간이었지만 미국에서 가장 빠르게 성장하고 있는 교단이라 일컬어졌던 한 교단의 목사는 그 점을 이렇게 설명했다. "한때 우리는 스스로 미국에서 가장 빠르게 성장하고 있는 교단이라고 생각했지만, 지금은 물에 빠져 죽은 것 같은 심정입니다. 포도주는 바닥이 났고, 현실은 과거와 같지 않습니다."

3단계: 이 단계는 시스템과 집단 안에 위기를 촉진시킨다. 이 위기는 여러 가지 다른 방식으로 볼 수 있다. 다음 도표는 조직 안에서 전반적으로 일어나고 있는 일을 보여 준다.

미국 교회는 안정과 평형 상태에서 가장자리로 이동하고 있다. 그리고 현재 가장자리에서 교회가 겪고 있는 것은 혼란이다. 혼란의 이유는, 이전에 정체성과 권력, 권위, 지위를 제공해 주던 규범들이 제 기능을 못하고 있기 때문이다. 위계질서 가운데서 전문가라는 지위가 이제는 위태로워진다.

이것이 바로 이머전트에 속한 많은 사람들이 리미널의 리더들과 그들의 조직 체계에 제기하고 있는 문제점들이다. 리미널은 종종 젊은, '경험 없는' 리더들이 제기하는 권위와 지위에 대한 도전에 위협 받는다. 이때 리미널에게 일어나는 유혹은 권위를 거부하거나 권위에 대해 태만한 태도를 취하는 것, 혹은 이머전트를 바깥으로 내모는 방법을 찾는 것이다.

반면에 이머전트는 이 단계에서 일어나고 있는 역동성을 놓치는 경향이 있다. 그들은 스스로를 대립적으로 규정하는 경향이 있다. 전문 용어로 말하자면, 반체제anti-structure 반구조적이다. 이 말은 이머전트가 아무런 구조도 갖지 않는다는 뜻이 아니다. 그들이 기존의 형태와 구조에 반대하는 방향으로 행동하고 그러한 실천을 감행한다는 뜻이다. 따라서 복음주의 출신의 많은 이머전트는 자신들이 성장한 구조와는 다른 생활 구조와 연결하는 수단으로서 고대의 예배 형식을 추구한다.

반체제적 과정은 안정과 평형 상태에서 가장자리로 이동하고 있음을 느끼는 사람들이 이전의 지위와 형태와 습속들을 유지하려는 사람들에게 맞서는 방식이다. 불행하게도 두 부족 중 지금 무슨 일이 벌어지고 있는지 이해하고 관리하는 사람은 거의 없다. 그래서 두 부족은 서로 갈라져서 오늘날의 문화에 타당성을 부여하기 위해 교회의 단점이나 실패를 놓고 상대방을 비난하는 것이다.

4단계: 경계적 상태의 이 시점에서 양측에 변증법적 긴장이 존재한다. 한쪽은 경계성을 겪는다. 구조와 조직 및 정체성을 상실한다. 다른 한쪽은 통제와 질서, 안정과 위계질서가 있는 구조를 향한다. 다음 도표는 그때 벌어지는 일을 보여 준다.

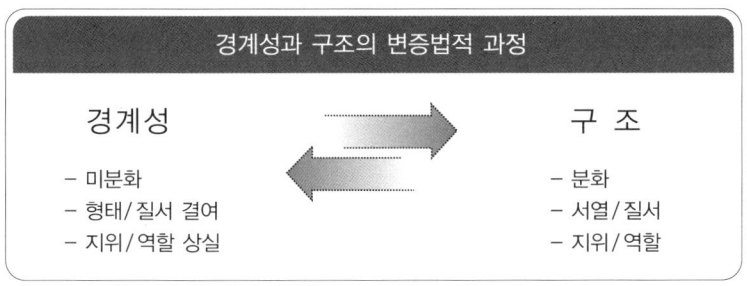

이 과정은 변증법적인 연속이다. 즉, 양측이 서로 상호작용하며 서로에게 영향을 준다. 실제로 한 편이 다른 편을 창출하게 될 것이다. 장기간 동안 안정과 구조를 유지해 왔던 시스템은 마침내 경계적 상황을 향한 반발 행위를 창출한다. 이에 해당하는 것이 이머전트의 반체제다. 이머전트는 관계와 미분화된 참여를 중심으로 이루어지는 비형식적 모임에서 이동하여 자신들의 모임에 좀더 나은 형태와 구조를 찾는 방향으로 진행해 나간다.

어떤 이머전트는 이 과정을 두려워하여 반체제와 미분화적 참여를 가능한 한 개방적으로 지속하기 위해 싸운다. 이머전트 가운데서 극소수의 아주 재능이 뛰어나고 능숙한 사람들은 이러한 개방적 모호성을 유지할 수 있지만, 이러한 환경과 가치에 매력을 느껴 가입하게 된 대다수의 이머전트는 어떻게 해야 할지 전혀 알지 못한다. 그들에게는 전진하기 위한 형태의 구조가 절실하다. 형태의 구조가 없을 경우 그들은 그들 자신에게나 그 가운데 참여하고 있는 사람들에게 피해를 줄 수 있는 형편없는 실험에 돌입하게 된다.

반면에 리미널은 계속해서 그들과 그들의 시스템을 안정과 평형의 중심부로 되돌리려고 시도한다. 그들은 혼란의 경험을 축소하기 원하고, 그렇게 함으로써 이 혼란이 어쩌면 상상력과 창의력, 혁신이 창발할 수 있는 유일한 장소일 수 있다는 사실을 놓친다. 리미널은 다른 사람들이 발전시킨 모델을 찾아내어 그 모델을 자기들의 상황에 적용시키려는 경향이 있다. 그렇게 하면서 갖는 바람과 기대는 이 조처를 통해 혼란이 그치고 다시 성공이 자리 잡도록 하는 것이다.

경계성은 영구적인 조건이 아니다. 그것은 일정 기간 지속된다. 그런 다음 상황은 다시 어떤 형태의 구조와 위계질서로 전환된다. 경계성의 문이 열릴 때, 그 문지방에는 새로운 것을 불러일으킬 수 있는 하나님 백성의 상상력과 창의성이 잠재되어 있다. 문지방은 진정으로 새로운 것이 떠오를 수 있도록 기존의 옛 형태와 비판들이 한동안 배제될 수 있는 순간이나 공간이다. 그러나 그 문지방을 경계로 한 양쪽은 서로를 필요로 한다. 실제로는 그 둘이 서로 긴밀하게 연결되어 있다. 여기에서 열쇠는 리미널과 이머전트가 실제 일어나고 있는 일이 무엇인지를 이해하고 그 점에 대해서 서로 대화를 나누어야 한다는 것이다. 이렇게 할 때에 경계성의 다음 단계로 넘어가게 된다.

5단계: 만일 이 두 집단의 구성원들이 무슨 일이 일어나는지 이해할 수 있다면, 다시 말해서 각 집단이 함께 과도기와 경계성을 겪어 나간다면, 대화가 가능해진다. 경계 지대에서 일어나는 이 대화는 터너가 말하는 '코뮤니타스'를 이끌어낸다. 코뮤니타스란 사람들이 정체성과 역할에 있어서 이전 시기와는 아주 다른 층위에서 서로를 발견할 수 있게 해주는 잠재력의 공간, 잠재력의 상태이다.

코뮤니타스는 지금 이 순간 북미에 존재하는 이머전트와 리미널을 위한 잠재력이며 문지방이다. 우리가 매우 혁신적인 방식으로 서로에 대해서 발견하고 배울 수 있는 곳이 바로 새로운 종류의 공터 commons 마당, 즉 열린 공간이다. '공터'마당라는 개념은 현재 재발견되고 있는 옛 개념이며 우리 대부분에게는 고풍스럽고 익숙하지 않은 개념이다. 그러나 이 낯섦은 적절한 것이다. 그 때문에 우리 각자가 자기가 속한 집단의 정체성을 규정하는 언어를 넘어선 중립적인 어휘를 찾을 수 있다. 현재 우리에게는 상호간의 대화에 필요한 바람직한 어휘가 없는 형편이다.

'공터'마당는 사람들이 집단적으로 함께 들어갈 수 있는, 보통 사람들에게도 열린 공간을 가리킨다. 유럽의 초기 산업 사회에서는 공터가 폐쇄되는 일이 있었다. 공터가 사유화되고 시장에 넘겨져 한 집단에만 독점적으로 사용되는 상품으로 전락했다. 예를 들어, 이머전트는 포스트모던이나 새로운 것을 소유하고, 리미널은 구조나 옛것을 소유하고 있다고 말할 수 있다. 이전에는 집단적으로 공유했던 경험과 상상력, 자원들을 한 그룹이 독점적으로 전유하는 것이다.

오늘날에는 우리 모두에게 중요한 쟁점에 대해 대화하는 방식으로 공터 개념이 재발견되고 있는 중이다. 진실로 낯선 신세계에서 리미널과 이머전트가 하나될 때에 공터가 빛을 발할 것이다. 이 새로운 공간은 따라서 기회의 자리인 동시에 위험한 자리이기도 하다. 다음은 이러한 공간에서 일어날 수 있는 쟁점들이다.

기 회	위 험
기존 지위에서 벗어남. 자신의 자리와 입장을 방어할 필요가 없이 다양한 생각과 이해의 면에서 이질적인 모호성과 혼란을 수용함. (이머전트와 리미널 모두가 나름대로 갖고 있는) 입장과 신분을 포기함. 통상적인 경계와 상습적인 구조들의 기대에서 벗어나 삶의 다른 수준과 행보를 추구하는 집단과 함께함. - 범위 밖에 있는 잡기 힘든 꿈을 추구하면서 서로 끌려 함께 모이는 느슨한 연대를 형성함. - 차이점을 넘어 높은 수준의 사회적 상호작용을 발전시킴. - 특별한 목적을 위한 한시적 모임을 지향함. - 모두가 다재다능함. - 위계질서나 서열이 없음. - 여러 도전이 있는 모호한 환경 가운데서 함께 뛰어날 수 있는 방법을 배움. - 전략이 저절로 창발함.	방어적 반발, 기존 입장을 지킴. 암묵적인 가치와 기대를 등에 지고 자신의 시스템과 조직 안에서 새로운 동질성을 이룩하려고 노력함. 입장과 신분을 강조하고 그에 맞게 살아감. 신분을 강조. 지하실로 들어감. "동지 대 적"의 대립에 초점을 맞춤. 잘 쓰는 상투어들: - 근대적, 포스트모던적 - 보수적, 혁명적 - 제도적, 창발적 다음에 초점을 맞춤: - 조직적인 구조 - (때에 맞지 않는) 대규모적인 전략계획 수립 - 역할과 프로그램의 전문화 - 수행 능력(실적) - 느슨한 팀이 아닌 조직적 위계질서 - 전문가들 - 낮은 수준의 사회적 상호작용 - 합리화된 계획수립

교회 생활의 제휴와 구조 및 형태를 재정립할 필요가 있음을 인정하지 않는 사람은 거의 없다. '코뮤니타스'의 잠재력은 지난 몇십 년간 교회 생활을 특징지은 차이점들을 뛰어넘은 혁신적인 것이다. '코뮤니타스'

는 하나님의 성령이 그들에게 가져다주실 미래를 분별하기 위해서 하나님의 순례하는 백성들로서 함께 새로운 공터에 들어가는 모험을 기꺼이 치르는 것이다. 그것은 양측의 리더들에게 상대편이 선물을 갖고 있으며 자신들이 신참임을 기꺼이 인정하고 굴복하라는 요청이다. 이것은 당장에는 힘든 일이지만, 가능한 일이다.

불붙은 가시덤불에서 모세가 하나님을 대면했을 때 안전과 통제, 정체성의 모든 세계가 부서져 버렸다. 모세는 결코 그의 운명이 될 수 없었던 세계에 자신을 맞추었다. 그는 그의 인생에서 최대의 위험-애굽으로의 복귀-에 직면해야 했다. 그리고 그 강력한 제국에게 하나님의 백성을 풀어 줄 것을 요구했다. 그 제국은 더 이상 하나님의 백성을 소유할 수 없었다. 변화해야 할 때였던 것이다.

모세는 하나님의 요청에 흔들렸다. 그에게 권위와 권력이 있음을 입증해 줄 어떤 표적이 필요했다. 그러나 그는 또한 제국과 대면할 상황을 통제할 수 있는 힘을 갖기를 바랐다. 그래서 모세는 하나님의 이름을 가르쳐 달라고 청했다. 그 문화에서 한 사람의 이름을 갖는다는 것은 그 권위를 갖는다는 것을 의미했다. 모세는 하나님의 목적을 넘어선 권위를 구하고 있었다. 하나님의 대답은 그 노예들에게 에이예 아세르 아야ehyah ahser ahyah가 그를 보냈다고 말하라는 것이었다. 이 말을 통상적으로 번역하면, "나는 스스로 있는 자니라."이다. 이 수수께끼 같은 이름을 다른 식으로 번역하면, "나는 내가 있을 곳에 있을 것이다."가 된다. 이 말은 애매한 말이다. 그래서 이런 뜻일 수도 있다. "모세야, 내 이름이 무엇이냐 하는 것은 너의 소관이 아니다. 너의 소관은 가서 내가 말한 대로 전하는 것이다. 누가 주관하느냐 하는 것은 내게 맡겨라."

　하나님의 이 이름에는 두 가지의 의미가 있다. 하나는 하나님이 하신 언약의 약속이다. 가장 어렵고 위협적인 곳에서도 하나님의 임재는 믿을 수 있는 것이라는 뜻이다. 다른 하나는 하나님이 결코 우리의 예상이나 소원대로 임재하시지는 않을 것이라는 뜻이다. 하나님에게 순종한다고 해서 미래를 우리가 만들고 통제할 수 없다. 앞에 놓여 있는 길은 결코 우리의 필요나 입장, 지위나 역할의 연장선상에 있지 않을 것이다. 그 미래는 하나님의 미래이다. 그래서 하나님은 하나님이 계실 곳에 계실 것이다. '코뮤니타스'는 자신들의 역할이나 정체성, 통제해야 할 필요성을 더 이상 움켜쥐지 않고, 감히 "나는 내가 있을 곳에 있으리라."의 뜻과 함께 순례하는 백성들을 이루어가는 곳이다.

성찰과 적용

1. '코뮤니타스' 개념을 당신 자신의 말로 설명해 보라. 코뮤니타스는 우리가 통상적으로 말하는 공동체와 어떻게 다른가? 왜 코뮤니타스가 더 중요한가?

2. 어째서 미리 결정 된 역할과 서열(위계질서)은 코뮤니타스의 개발을 저해하는가? 어째서 융통성 없는 시스템과 구조가 코뮤니타스 개발을 방해하는가?

3. 이머전트와 리미널이 각자 작업하는 것보다는 코뮤니타스에서 함께 작업을 해나갈 때, 상상력과 실험이 더 성공할 것 같은 이유는 무엇인가? 이 포럼에서 이머전트와 리미널이 들고 들어올 수 있는 자산으로는 무엇이 있겠는가? 이머전트가 제공해 줄 수 있는 자산은 무엇인가?

4. 경계성 구조는 왜 갈등을 일으키는가? 어째서 코뮤니타스가 발생하기 전 단계에서 구조가 반드시 눈에 띄게 느슨해져야 하는가?

5. 당신은 교회에서나 지역사회에서 함께하는 공터를 만들 수 있겠는가? 그 마당에 다른 누가 참석할 수 있겠는가? 그 마당에서 나오는 창의성과 실험에 기여할 수 있는 가치들로는 어떤 것이 있겠는가?

제8장
성경 속 경계성과 코뮤니타스
Liminality and Communitas in Scripture

과도기와 경계성은 새로운 것이 아니다. 그것은 모든 개인과 집단, 조직 생명의 일부분이다. 경계성과 구조 사이의 연속적 과정continuum은 언제나 존재한다. 실제로 이 연속성은 성경 전체에서 역사하고 있다. 하나님은 계속해서 한 백성을 형성하기 위해서 이 연속적 과정 전반에 걸쳐 개입하신다. 경계적 상황이 갖는 위험성은, 우리의 상황이 독특하다고 생각해서, 이미 같은 상황을 겪었기 때문에 우리에게 도움을 줄 수 있는 다른 사람들을 간과하는 것이다. 현재 교회가 처해 있는 상실과 혼란은 독특한 것이 아니다. 그것은 하나님이 계속해서 하나님의 백성에게 개입하시는 그분의 방식이다. 함께 성경 안으로 들어감으로써 우리 신앙의 대부분을 형성하는 서사에서 나타난 경계 상황의 패턴이 얼마나 친숙한지를 확인할 수 있다.

성경을 통해 우리가 하나님이 우리에게 하시는 말씀을 듣고 배울 수 있게 하신 하나님의 목적은 무엇일까? 만일 한 무리의 백성이 우리가 현재 겪고 있는 과도기에서 함께 성경을 읽기 위해서 둘러앉는 코뮤니타스를 형성한다면, 그들 가운데 무슨 일이 일어나겠는가?

앞에서, 우리가 코뮤니타스를 경험하기에 앞서 변화의 사이클 중에서 과도기에 일어나는 역설적으로 보이는 두 가지 움직임이 존재한다고 말했다. 한편으로 하나의 집단이 그동안 익숙했고 번영을 구가해 왔던 세계 생활 방식, 습속, 태도, 가정, 실천로부터 분리된다. 경계성의 초기 단계들은 이 손실에 대한 사람들의 비통함, 혼란, 분노, 저항으로 이루어진다. 그에 따라 그들의 세계를 안정적이고 관리와 예측이 가능한 환경으로 복귀시키기 위해서 잃어버린 것을 회복시키고자 하는 욕구가 본능적으로 일어난다. 중요한 순간은 그 집단이 이러한 복귀가 더 이상 불가능하다는 점을 인식하게 되는 지점에 도달하는 순간이다.

이 일은 다시 위기의식을 만들어낸다. 즉, 그 집단이 과거로 복귀할 수 없음은 알게 되었지만, 무엇을 해야 할지, 어떻게 전진해야 할지를 모르는 것이다. 딜레마는 그 집단에 속한 사람과 리더들이 그 상황을 바로 잡거나 변화시키기 위해 무슨 일이라도 해야 한다는 것을 느끼지도 못하고, 이런 상태를 오래 견딜 수도 없다는 데 있다. 바로 이 때 교회나 리더들, 심지어 교단 시스템이 상황을 바꾸기 위해서 다른 곳에서 취한 프로그램으로 재빨리 전환한다. 다시 말해서 해결책이라고 인식되는 어떤 종류의 외부 시스템을 채택함으로써 그 위기를 타개하려고 시도하는 것이다. 이러한 조처는 그들이 원하는 해답을 제공해 주지 않으며 또한 경계성이 가지고 있는 잠재력도 끄집어내지 못하게 만든다.

교인 감소와 자금 부족에 직면한 몇몇 교단은 향후 10년 안에 미국 전역에 1,000개의 교회를 개척하자는, 머리털이 쭈뼛 서는 과감한 목표들을 세운다. 불행하게도 이러한 종류의 목표 설정으로는 위기가 타개되지 않는다. 그러한 목표들은 경계성을 피하려는 시도이며, 코뮤니타스를 만들어낼 수 있는 진정한 상호작용을 회피하려는 시도이다.

이 점에 대해서 내가 조언을 해주었던 사람들은 종종 이렇게 되묻는다. "그렇다면, 우리가 할 일이 무엇입니까? 만일 전략적인 계획 수립과 프로그램이 무용지물이라면, 도대체 우리가 무슨 일을 해야 한단 말입니까? 비판도 좋지만, 취해야 하는 조처들은 무엇입니까?" 이것은 정당한 질문이다. 리더들도, 교단 시스템도 어디로 가야 할지 모른 채 비판만 들을 수는 없는 것이다.

바로 이 점에서 그 역설의 두 번째 부분이 중요해진다. 왜냐하면 그 부분은 어떤 형태의 행동이나 조처에 대한 것이기 때문이다. 그 행동은, 말하자면 우리 전통의 기본을 이루고 있는 일차적인 서사를 다시 듣는 일이다. 기독교 공동체에서 이 조처는 무엇보다도 성경을 통해서 이루어진다. 그 경계성에는 계획 수립이나 프로그램 같은 것들과는 다른 대안들이 존재한다. 교회와 교회를 섬기는 시스템이 과감한 목표를 세우거나 그 비슷한 다른 전략에 뛰어들 필요가 없다. 대안은 코뮤니타스에 함께 모이는 일부터 시작한다. 그렇게 함께 모여 하나님이 무슨 말씀을 해주실지 듣기 위해서 성경의 기본적인 서사 안으로 들어가야 한다.

다음과 같이 되고자 한다면, 성경 안으로 다시 들어가는 일은 필수적이다.

1) 진정한 형태의 코뮤니타스가 교회 가운데서 출현하려면

2) 프로그램 중심의 전략에 뛰어들라는 유혹을 피하고자 한다면

3) 성령께서 우리 가운데서 요청하시는 바를 듣고자 한다면

리더들은 교회와 관련된 의문을 해소하기 위해 경계 상황을 중심으로 일어나는 불안과 혼란에 지나치게 초점을 맞춘다. 즉, 교회는 어떤 존재여야 하는가, 교회의 본질은 무엇인가, 하나님의 백성이 된다는 것이 무슨 의미인가와 같은 질문에 집중한다. 따라서 대부분의 교회 리더들이 백성들에게 답을 찾아 주고자 했던 질문들은, 대부분의 사람들에게 영향을 미치고 있는 경계적 성격에 속하는 진정한 쟁점들을 놓친 것들이다. 바로 이 때문에 많은 사람들이 교회가 자기들과는 무관하다고 느낀다. 또한 대부분의 사람들에게 성경은 잊혀졌으며, 중요하지 않은 일에 대한 부적절한 이야기처럼 여겨진다. 교회 프로그램과 전략에 사활을 건 리더들은 경계 상황 속에서 성경이 어떻게 삶을 형성하고 상상력의 강력한 자원이 되는지 깨닫지 못한다.

다음 항목들은 성경에 기록되어 있는 하나님의 역사에 관한 서사 속으로 재진입하여, 하나님 백성들은 하나님의 나라에 대한 대안적 미래를 어떻게 형성했는지 예시해 주고 있다. 이 예들을 통해서 여러분이 보게 될 것은 다음과 같은 사실들이다.

- 성경의 기본적인 서사로 되돌아가 사람들에게 프로그램이 아닌 이야기를 통해 안정을 제공해 줄 수 있는 소망적인 길

- 우리가 처하게 된 경계 상황이 끔찍한 실수나 성령의 부재가 아니라 지금 당장 교회 안에서 하나님이 역사하고 계시는 표시인 이유
- 하나님의 백성이 성경 말씀을 토대로 자신의 이야기에 뛰어들어 씨름할 때 하나님의 백성에게 뿌리내리는 대안적 장래에 대한 발전적인 그림
- 리더십의 방향, 즉 우리가 경험하고 있는 현실 가운데서 하나님의 백성인 우리에게 성경이 말씀하실 수 있는 환경을 개발하는 것

성경에 등장하는 예들

출애굽

출애굽 이야기는 경계성의 전형이다. 그 이야기는 대대적인 과도기에 있는 하나님의 백성에 대한 이야기이다.

이스라엘은 요셉의 보호 아래 야곱이 애굽으로 이주해 들어간 때부터 몇 백 년 동안의 노예 생활을 통해 독특한 정체성을 형성했다. 모세 시대에 이르러 그들은 심한 고생을 했으며 애굽에서 그들이 처한 상황에 철저하게 동화되어 갔다.

이것이 그들이 처한 상황의 역설이다. 그 상황은 극히 고통스러웠지만 동시에 그들이 알고 있는 유일한 생활 방식이었던 것이다. 족장들의 이야기는 거리가 먼, 단절된 기억이 되어 버렸음에 틀림없다. 그 이야기들은 그들의 삶에 방향을 제시하는 비전이 아니라 동화처럼 여겨지며, 향수에 젖게 만드는 망향의 역사였을 것이다. 그에 비해서 애굽과 노예 상태는 그들의 진짜 이야기였다. 이것이 바로 하나님의 백성으로서 그들의

정체성을 이루는 핵심이었다. 이상할 수도 있겠지만, 그들에게 안정적이고 예측 가능한 단어는 애굽이었지 약속의 땅이 아니었다. 고난에도 불구하고, 애굽이 바로 여러 세대에 걸쳐 쌓아온 그들의 정상 세계였다. 이 시스템 안에서 일어나는 일상에서는 그들의 역할과 사건을 예측할 수 있었다. 자유는 그들에게 전적으로 낯선 개념이었다.

애굽으로부터의 탈출은 해방인 동시에 분리였다. 그것은 희열의 사건이자 불안을 생산하는 사건이었다. 광야 서사들은 수중에서 애굽을 빼앗겼기 때문에 공포에 떨면서 살아가는 혼란스럽고 겁에 질린 군상을 보여준다. 애굽이 그들을 파괴하고 있는 바로 그 세계를 대표했지만, 그럴지라도 그들은 예측 가능하고 안정된 애굽의 생활로 복귀하기를 원했다. 이와는 대조적으로 광야는 형태도 없고 소망도 없는 끔찍한 곳이었다. 그들은 이 낯설고 두려운 곳에서 살아갈 준비도, 기술도 전혀 없었다. 그 결과 그들은 그들이 처하게 된 곤경에 대해서 서로를 탓하기 시작했다.

도대체 어떤 리더가 그들이 잘 알고 있는 안전한 세계에서 끄집어내어 모두가 다 죽을 수밖에 없는 이 끔찍한 곳으로 데려올 수 있단 말인가? 이 이슈를 타개하기 위해서는 광야 40년의 방랑이 필요했다. 애굽을 전혀 모르는 세대가 출현해야 비로소 하나님이 그들과 더불어 행하신 일을 다르게 바라볼 수 있는 코뮤니타스가 가능했던 것이다. 약속의 땅에 들어간 사람들이 바로 이들이었다. 걸어서 한 달 걸릴 거리에 불과했던 여정이 40년이나 걸렸다. 이 백성의 영혼에서 애굽의 400년을 제거하는 데는 그 정도의 세월이 필요했던 것이다.

광야의 방랑은 경계 지대 상황을 통과해 나간 백성의 모든 특징을 지니고 있다. 애굽을 뒤로 한 대가는 손실과 종말, 죽음이었다. 만일 한 민족의 건국 신화가 희미한 기억이 되어 버린다면, 그 민족이 달리 무슨 상상을 할 수 있겠는가. 방랑 내내 이스라엘은 모세의 리더십에 저항했으며, 여정의 방향을 되돌리려고 노력했다. 이미 익숙했던 애굽의 노예 상태가 한 노인의 애매한 약속보다 더 나았던 것이다.

그러나 마침내 광야는 과도기를 규범화하게 된 사람들을 주조해 냈다. 그들은 적응했으며 대안적인 장래를 대망했다. 이 경계 상황의 여정을 거치면서 이스라엘은 순례하는 백성이 되었다. 호렙 산에서 그들은 율법을 받았으며, 하나님 백성으로서의 생활 지침을 받았다. 다시 말해서, 광야 가운데서 그들은 전략적인 계획을 받은 것이 아니라 그것과는 근본적으로 다른 것을 받았다. 그들이 받은 것은 다음과 같았다.

- **예배 의식**: 그들은 애굽을 떠나온 사람들과는 완전히 다른 사람들로 형성시켜 줄 틀인 예배 의식을 받았다.
- **증표와 상징들**: 그들은 언약궤와 광야에서의 만나, 장막, 불기둥과 구름기둥이라는 증표와 상징을 받았다. 그것들은 그들이 누구인가를 끊임없이 일깨워 주는 것들이었다. 다시 말해서 그들의 정체성과 기억이 형성되고 있음을 일깨워 주는 것들이었다.
- **실천 사항들**: 그들에게는 매일, 매주, 매달 수행해야 할 일들이 있었다. 그 일들은 그들을 하나님의 특별한 백성이 되도록 해주었다.

하나님께 받은 이러한 선물들을 통해서 약속의 땅을 꿈꿀 수 있었던 백성, 하나의 '코뮤니타스'가 형성된 것이다.

사사 시대

약속의 땅에 들어간 이스라엘은 언약과 공동 예배를 통해서 서로 연결되어 있는 느슨한 부족 연맹체로 살았다. 외부의 위협이 있을 때, 하나님은 그 문제를 처리하면서 백성을 이끌 사사를 불러내셨다. 어떤 의미에서 이 시기는 대제국 사이에서 고도의 안정을 유지했던 시기였다. 이스라엘에게 이러한 틈바구니는 커다란 선물이었다. 가나안 땅은 큰 무역로를 양쪽에 두었으며, 가나안 땅 자체가 여러 민족이 통제하기 원했던 땅이었다. 그렇지만 새로운 제국들이 등장하면서 이러한 안정적인 환경이 점차 사라지기 시작했다. 느슨한 부족 연맹체는 경쟁적인 군대와 세계 정치 및 땅을 놓고 벌이는 투쟁 사이에서 압박을 받게 되었다.

이 새로운 위치에서 이스라엘은 오랫동안 제 몫을 해주었던 정치 체제를 버리기로 했다. 급속히 변화하는 국제 정세 속에서 혼란과 갈등의 위협에 대처할 능력이 없었기 때문이다. 이스라엘은 군대를 일으키고 조약을 체결하며 민족을 보호해 줄 수 있는 왕을 원했다. 다시 말해서 그 땅에 들어간 후 몇 세대만에 그들은 그들의 필요에 부응하기 위해 하나님의 사사를 기다리는 의존적인 모호함 가운데서 살기보다는, 안정과 성공을 약속해 주는 안전성을 선택한 것이다.

룻

룻의 이야기는 예상의 한계선을 부순다. 그 이야기는 이스라엘 백성과 지도자들이 생각하는 고정관념에 상반된다. 이 이야기를 읽은 다음에는 하나님께서 더 나은 장래를 위해 기존의 틀 가운데서 세심한 전략을 세우신다고 믿을 사람은 아무도 없을 것이다. 그러나 이 이야기에서 분명한 사실은 하나님의 계획은 언제나 가장 먼저 하나님의 버림을 받을 것 같은 장소에서 떠오른다는 사실이다. 하나님의 목적과 하나님의 미래에 대한 상상력은 언제나 합리적인 계산으로는 아무것도 기대할 수 없었던 곳에서 나오며, 불운한 사람들에게 임재하는 것처럼 보인다.

이 사실은 모든 위대한 계획과 성공 프로그램들이 잘못된 방향으로 가고 있다고 확신하면서 기독교의 황혼녘에서 살아가고 있는 우리 같은 사람들에게는 엄청난 소망과 격려의 원천임에 틀림없다. 오늘날 하나님이 가장 먼저 버리실 것 같은 자리는 어떤 이머전트의 언어로 말하자면 "도무지 이해력이 없으며" "미국과 그 가치들의 포로가 되어 있는", 혹은 어떤 리미널의 언어로 말하자면, "훈련도 받지 못하고 경험도 없으며 자기들이 무엇을 하고 있는지도 모르는" 리더들과 사람들로 가득 차 있는 미국 전역의 교회이다.

룻과 그녀의 시어머니 나오미는 철저하게 경계선적인 상황에 있다. 그들은 안전과 정체성을 주었던 모든 것으로부터 벗어났다. 관습적인 모든 것은 그들의 삶에서 뿌리 뽑혔다. 그들은 사회적으로나 인간관계, 경제적인 면에서 그들이 알던 세계의 외부에 있게 되었다. 룻은 남편이 죽으면서 이스라엘의 이방인이 되었다. 언약 공동체에서 그녀가 있을 자리는 어디에도 없었다. 이 커다란 손실과 불안에 대한 나오미의 해결책은 룻을 모압 족속 가운데서 살던 결혼 이전의 삶으로 되돌려 보내는 것이었다. 거기에서라면 룻이 재혼해서 안정을 되찾을 수 있다고 보았다. 그러나 룻은 시어머니 나오미와 있기로 했다. 룻의 말은 우리가 리미널과 이머전트로서 함께 발견해야 할 '코뮤니타스'의 형태를 표현하고 있다.

> 나오미가 두 며느리에게 이르되 너희는 각기 너희 어머니의 집으로 돌아가라 너희가 죽은 자들과 나를 선대한 것 같이 여호와께서 너희를 선대하시기를 원하며 여호와께서 너희에게 허락하사 각기 남편의 집에서 위로를 받게 하시기를 원하노라 하고 그들에게 입 맞추매 그들이 소리를 높여 울며 나오미에게 이르되 아니니이다 우리는 어머니와 함께 어머니의 백성에게로 돌아가겠나이다 하는지라 나오미가 이르되 내 딸들아 돌아가라 너희가 어찌 나와 함께 가려느냐 내 태중에 너희의 남편될 아들들이 아직 있느냐 내 딸들아 되돌아 가라 나는 늙었으니 남편을 두지 못할지라 … 룻이 이르되 내게 어머니를 떠나며 어머니를 따르지 말고 돌아가라 강권하지 마옵소서 어머니께서 가시는 곳에 나도 가고 어머니께서 머무시는 곳에서 나도 머물겠나이다 어머니의 백성이 나의 백성이 되고 어머니의 하나님이 나의 하나님이 되시리니 어머니께서 죽으시는 곳에서 나도 죽어 거기 묻힐 것이라 만일 내가 죽는 일 외에 어머니를 떠나면 여호와께서 내게 벌을 내리시고 더 내리시기를 원하나이다 하는지라 룻 1:8-12, 16-17.

연령층으로나 혈통상으로 너무도 다른 이 두 여인 사이의 코뮤니타스에서 하나님의 미래가 떠오른다. 태초부터 모든 창조 세계 배후에서 구체적이며 물질적인 방식으로 미스터리를 전개해 나가시는 하나님이 이 두 여인 가운데에도 계셨음을 선언하고 있다. 극한 상황에 있던 이 전혀 보잘 것 없던 자들은 나오미의 해결책에만 기대지 않고, 일종의 코뮤니타스를 이루었다. 그리고 거기에서 하나님의 미래가 떠올랐다. 이런 일이 이머전트와 리미널 사이에서 반드시 일어나야 한다.

유배

앞서 이야기했듯이 유배는 과도기의 또 하나의 경험이다. 주전 587년 느부갓네살은 예루살렘을 초토화시켰다. 그런 다음에 예루살렘에서 가장 뛰어난 사람들을 포로 삼아 바벨론으로 끌고 갔다. 예레미야, 이사야, 다니엘, 에스라, 느헤미야가 이 포로들을 하나님이 어떻게 다루셨는지 기록하여 일단의 서사를 제공하고 있다. 예레미야와 이사야는 그들에게 부과된 경계적 상황과 그들의 반응에 대한 기사들이다.

이 서사들이 가진 매력적인 면은 그들이 경계적 상황에 반응한 스펙트럼을 제시해 주고 있다는 점이다. 거기에는 옛날의 영광을 회복하기 위해서 예루살렘으로 여러 차례 복귀하기를 시도하면서 자신들의 분리된 상황을 극복하고자 했던 사람들이 있다. 그리고 바벨론이라는 새로운 환경 속으로 신속하게 들어갔던 사람들도 있다. 그들은 그 세계에 적응했으며, 바벨론 문화에 예전의 신앙을 동화시켰다. 그리고 그 끔찍한 고통과 믿을 수 없는 혼란 가운데서도 자신들의 기본적인 서사로 다시 들어가되, 이번에는 안정과 평형 상태의 관점이 아니라 경계 지대에 선 입장에서 그 서사들을 재해석하는 코뮤니타스를 형성했다.

이 사람들에게 분리는 갑작스러운 재앙이었다. 도저히 생각할 수 없는 일이 눈 깜빡할 사이에 벌어졌다. 예루살렘은 파괴되었으며 유다는 포로로 끌려가 유배되었다. 이러한 일은 국제 정세 때문이거나 강력한 왕들의 군대, 또는 제국들의 가차 없는 확장 때문에 일어난 것이 아니라고 예레미야는 선언한다. 그것은 하나님의 조처였다. 그 혼란에 대한 이러한 해석은 일반적인 해석과는 매우 달라 새로운 틀을 만들었다. 만일 이것이 권력 정치 이상의 어떤 특별한 것이라면, 이 사건이 언약 백성들에게 갖는 의미는 무엇이었는가? 만일 이것이 하나님이 행하신 조처였다면, 하나님이 자기 백성들을 내치신 것이라는 말인가? 만일 그렇다면, 이것은 상상을 불허하는 재앙이 되었을 것이다.

이스라엘은 조상들 때문에 그들 자신과 땅을 보호하시는 하나님을 당연시했다. 하나님의 언약이었기 때문이었다. 하나님은 그들 편에 계셨다. 그들은 산 위에 있는 성읍이었으며, 온 세상을 위한 빛이었다. 무엇이 이 사실을 바꿀 수 있단 말인가. 어떻게 잘못될 수 있단 말인가.

시간이 흘러가면서 주변 민족들의 문화적 전제와 종교 권력에 동화되고 타협함으로써 이스라엘 백성은 하나님의 목적을 이해하지 못하게 되었다. 축제일과 예배하는 날들, 대절기들로 표현된 언약 관계는 잊혀져갔다. 그 대신에 이러한 축제일과 의식은 하나님의 구원과 약속에 대한 이야기와 단절된 기능으로 전락해 버렸다. 예레미야 시대에 이르러, 그러한 기념일과 의식들은 단순히 전통적인 요구 사항을 만족시키는 외형적인 습속에 불과해졌다. 제사장과 궁정 선지자들은 그 시스템의 구조와 규칙들이 적절하게 유지되도록 보장해 주는 규제적인 대행자의 역할을 감당하게 되었다. 즉, 의식이 의미를 대체해 버린 것이다.

유배된 자들은 유다의 주민들 중에서 적은 수에 불과했지만, 그 영향력은 그 나라의 핵심 전제들에 대한 심원한 공격으로 다가왔다. 그들의 신학적 틀로는 그 일들을 이해할 수 없었다. 그런 일에 의미를 부여할 수 있었던 것은 예레미야와 같은 사람들의 대항 신학의 시문poetry과 신학이었다. 사실 처음에 사람들은 그러한 시와 신학을 무시하고 싶었다. 장기적인 적응 기간 동안에 그 백성들에게 유배의 현실을 준비시켜 준 것은 아무것도 없었다. 그 이유는 예레미야의 경고와 의식에 애초부터 귀를 막았기 때문이었다. 그의 연출 행위와 선포들은 그들이 분리되어 떠나게 되는 때까지 그들이 받아들이고 있던 틀에서 벗어나 있었다.

시편 137편은 분리와 경계성을 겪고 있는 백성들의 혼란과 분노, 쓰라림의 깊이를 표현하고 있다. 유배지에서부터 터져 나온 그 백성들의 심중의 외침을 잠깐 살펴보자.

우리가 바벨론의 여러 강변

거기에 앉아서

시온을 기억하며 울었도다

그 중의 버드나무에

우리가 우리의 수금을 걸었나니

이는 우리를 사로잡은 자가

거기서 우리에게 노래를 청하며

우리를 황폐하게 한 자가 기쁨을 청하고

자기들을 위하여 시온의 노래 중 하나를 노래하라 함이로다

우리가 이방 땅에서

어찌 여호와의 노래를 부를까

예루살렘아 내가 너를 잊을진대

내 오른손이 그의 재주를 잊을지로다

내가 예루살렘을 기억하지 아니하거나

내가 가장 즐거워하는 것보다 더 즐거워하지 아니할진대

내 혀가 내 입천장에 붙을지로다

여호와여 예루살렘이 멸망하던 날을 기억하시고

에돔 자손을 치소서

그들의 말이 헐어 버리라 헐어 버리라

그 기초까지 헐어 버리라 하였나이다

멸망할 딸 바벨론아

네가 우리에게 행한 대로

네게 갚는 자가 복이 있으리로다

네 어린 것들을 바위에

메어치는 자는 복이 있으리로다.

여기 어찌 해야 할지를 전혀 알지 못하는 한 민족이 있다. 낯선 땅에서 그들의 마음은 비통과 혼란, 불안으로 가득 차 있었다. 그들은 책임전가와 복수심, 그리고 가능한 한 빨리 고향 예루살렘으로 되돌아갈 생각으로 가득 차 있었다. 그들이 한순간이라도 하나님의 미래가 유배지에서

발견될 수 있다고 믿었다는 느낌은 전혀 들지 않는다. 그들의 경계적 상황 가운데는 선지자 예레미야가 있었다. 그는 모든 것이 하나님의 부재와 하나님에게서 버림받은 것처럼 보이는 바로 그 자리에 들어가서 그 자리를 수용할 경우에만 발견될 수 있는 소망의 형태를 똑똑히 밝혀냈다. 유배된 자들에게서 온 편지는 여호와에게서 온 것이었다. 그 내용은 경계적인 그 상황에 그대로 머물러 있으라는 부르심이었다. 오직 그 장소에서만 하나님께서 그들을 이끌고 계시는 새로운 장소, 새로운 자리를 알 수 있기 때문이었다.

과거 예루살렘 중심의 영광을 염원했던 자들은 하나님의 목적을 볼 수 없었다. 모든 복귀 계획과 유배 상태를 건너뛰려는 모의는 이 백성들을 사로잡히게 허락하신 하나님의 목적을 발견하는 일에서 그들을 멀어지게 만들었다. 오직 바벨론에서만 예루살렘의 장래와 하나님의 목적을 이해할 수 있었다.

바벨론에서 두 가지 중요한 일이 일어났다. 첫째는, 소수의 리미널이 이스라엘의 기본적인 이야기로 돌아가 다시 그 이야기를 파고들기 시작한 것이다. 그러나 이번에는 권위와 통제의 자리가 아니라 상실과 혼란의 자리에서였다. 몇 년 동안 바벨론은 이스라엘이 성경을 재발견하고 해석하는 매우 생산적인 자리가 되었다. 이 일에서 새로운 상상력이 창발하게 될 것이었다. 둘째로, 예루살렘의 옛 영광의 시절을 맛보지 못했던 세대가 태어났다. 이들은 성경을 다시 파고드는 생산적인 작업을 통해서 예루살렘에 대한 다른 미래를 상상하기 시작했다. 여기에서 다시 리미널과 이머전트가 코뮤니타스로 하나가 되었으며, 그 상호관계로부터 하나님의 대안적인 장래가 떠오른 것이다.

　이 바벨론 코뮤니타스에서, 하나님이 이스라엘을 다루신 이야기가 바벨론 사람들을 통하여 회복되고 여과되었다. 그렇게 해서 떠오른 것은 원래 이야기에 대한 철저히 다른 강독이었다. 미래에 대한 새로운 비전이 창발했다. 그 비전에 의하면 모든 창조 세계와 역사는 언약 백성을 통한 하나님 나라의 대 승리를 중심으로 이루어져 있었다. 이 언약 백성들은 새롭게 발견된 성경 말씀에 의해 새롭게 만들어진 백성들이었다. 이 백성들은 그들이 살던 세계에 비추어서 그들의 원래 이야기를 다시 생각하고 새롭게 상상하지 않을 수 없었다. 그들은 전통을 재발견했다. 그러나 제국과 예루살렘의 관점에서가 아니라 유배 상태라는 경계인의 신분에서 그렇게 했다. 이것이 바로 그들을 급진적으로 만들었던 것이다. 고통스러운 신학적 작업을 하게 된 70년이라는 세월 이후에 변방에서 이스라엘을 새롭고 강력하며 더 초월적 영성을 지닌 민족으로 개혁하는 일이 이루어진 것이다.

베드로

예수님이 부활하시기 이전의 베드로는 이미 결정되어 있는 틀에서 살고 있었다. 그 틀이 그가 예수님에게서 듣는 말씀을, 그리고 그 말씀에 어떻게 반응하느냐를 미리 결정하고 있었다. 이 그림은 베드로의 마음속에 너무도 깊이 박혀서, 그의 생각 속에서 예수님을 바로 잡아 주어야겠다고 마음먹게 만들었으며, 또한 예수님이 설파하셨던 그 나라의 성격을 칼로 세우겠다고 준비하게 만들었다. 예수님의 부활 이후, 베드로의 세계는 완전히 뒤집혔다. 이것이 명백하게 사도행전에 나와 있다. 사도행전을 보면, 유대교와 예수님의 복음의 관계, 유대인들과 이방인들의 관계에 대한 의문점이 다뤄지고 있다. 누가가 이 서사를 끝마쳤을 당시, 유대 기독교는 한물간 세력이자 쇠퇴하고 있는 기억이었다. 유대 성경구약 성경의 성취로서 하나님의 보냄을 받은 유대인, 예수님에 대한 복된 소식이 어떻게 그렇게 신속하게 그 발원처로부터 벗어나게 되었는가? 이 일에는 설명이 필요했다. 특히 이 예상치 못했던 사건의 전환들 때문에 혼란스러웠던 이방 그리스도인들에게는 더욱 그러했다.

누가는 누가복음과 사도행전을 작성했는데, 그 이유는 부분적으로 이러한 의문점들을 해소하기 위한 것이었다. 사도행전 10장에서 베드로는 욥바로 와달라는 청을 받았다. 욥바에서 선행을 펼치고 가난한 자들을 보살펴 준 일 때문에 사랑을 받았던 다비다도르가라는 제자가 죽은 것이다. 베드로에게 그녀를 죽은 자 가운데서 다시 살릴 권세가 있다는 기대가 있었다. 실제로 이런 일이 일어났으며, 그 결과 그 도시에서 많은 사람이 개종하게 되었다.

베드로는 계속해서 성령의 생명력 있으며 역동적인 성령의 활동에 참여하게 되었고, 이 활동을 통해 예수님의 부활의 성격과 목적에 대한 그의 생각 중 많은 부분이 변화되었음이 틀림없다. 이 모든 것은 틀림없이 유대 지역 사회에서 엄청난 소동을 일으켰을 것이다. 많은 사람들이 그들의 정체성의 정당성과 그들의 삶에 대한 하나님의 복을 확인했을 것이다. 그러나 이 모든 활동이 처음에는 유대교의 테두리 안에서만 일어났다. 사도행전 11장 19절은 이 점을 분명히 밝히고 있다. 스데반이 돌로

죽임을 당한 뒤에 흩어졌던 사람들은 오직 유대인들에게만 복음을 선포했다. 복음은 유대교의 틀 안에, 그리고 새롭게 활력을 되찾은 예루살렘 중심에, 이스라엘의 종교적 정치적 갱신에 대한 이해 안에 그대로 남아 있었다.

그러나 사도행전 10장에 보면 베드로는 이 틀에서 분리되고 있다. 그가 갖고 있는 기대의 틀 안에서 하나님이 약속하신 모든 것이 성취되는 경험의 에너지, 신명, 기쁨이 산산이 부서져 버렸다. 욥바에서 베드로가 어느 집 지붕 위에서 금식하며 기도하고 있었을 때, 그는 주님께서 그에게 먹으라고 말씀하시는 정결한 짐승과 부정한 짐승들로 가득 차 있는 큰 보자기에 대한 환상을 보았다. 이 환상은 베드로를 그가 알던 세계의 범주 밖으로 내몰았다. 이 이야기를 다시 기록한 누가의 의도 중 하나는 당혹스러워하고 있는 이방인 그리스도인들에게 복음이 유대인들과 이방인들 사이를 나누던 경계선을 영원히 무너뜨렸음을 보여 주기 위한 것이다. 복음은 전통적인 틀을 넘어 섰으며, 세계를 뒤엎어 버린다. 유대교 측의 배척과 마침내 이르게 된 예루살렘의 멸망을 달리 어찌 설명할 수 있겠는가.

베드로가 지붕 위에서 본 비전은, 성령님이 선교에 장애물이 되는 관행을 유지하는 세계에 대응하시는 방식을 보여 주고 있다. 베드로 같은 유대인 그리스도인들은 기존의 세계가 지니고 있는 안정과 정상 상태에 깊이 뿌리 박혀 있었다. 베드로는 그 자신이 가지고 있던 경계에 부딪혔던 것이다. 고넬료 앞에 서서, 그리고 이방인들 위에 하나님의 성령이 임하시는 것을 보면서, 베드로가 물려받아 간직하고 있던 하나님에게로 나아가는 길에 대한 틀이 부서졌다. 성령님이 베드로의 세계를 규정해 주고 있던 벽을 무너뜨린 것이다. 고넬료는 성령께서 오직 유대인 개종자들 가운데서만 드러났던 방식으로 그에게 역사하시는 모습을 명백히 보여 주었다. 이방인이 할례를 받지 않고도 그리스도인이라는 신분과 정체성을 갖도록 받아들여진 것이다. 베드로는 성령께서 고넬료 집의 사람들에게 임하신 일의 의미를 놓칠 수 없었을 것이다. 그것은 제2의 오순절 성령 강림이었다.

이 말씀은 복음에 대해 인종적인 견해를 가지고 있던 그리스도인 베드로에서 민족성이나 혈연의 경계를 넘어 그보다 훨씬 더 큰 복음을 이해하는 그리스도인 베드로로 회심한 일을 전해 주고 있다. 베드로가 할 수 있던 유일한 일은 그 사실들을 인정하고 하나님께서 행하신 일을 겸손히 받아들이는 것이었다.

베드로는 유대적 울타리에서 빠져나왔으며 교회에는 이전에는 상상조차 할 수 없었던 종류의 사회가 형성된다. 고넬료 이전의 교회는 이스라엘의 인종 중심적 문화 세계에 뿌리 박혀 있었다. 그러나 이제는 근본적이고, 급진적으로 다른 것이 된다.

이 일은 분명 매우 고통스러운 과도기였을 것이다. 그 일은 베드로의 목숨을 대가로 지불하게 될 일이었으며, 바로 현재까지도 우리가 경험하고 있듯이 유대인들이 예수님을 받아들이는 일이 끝장나게 될 일이었다. 신생 교회는 가장 힘들고 깊숙이 감지되었던 울타리를 놓고서 씨름을 벌이고 있었던 것이다.

바울

다소의 사울은 엘리트 학교에서 교육을 받았으며, 세계를 사로잡는 로마 제국의 문화에 익숙한 유대인이었다. 사울은 이스라엘의 언약의 하나님이 예수 안에 임재했다는 사실을 도저히 인정할 수 없었다. 하나님에 대한 사울의 열심은 그의 동시대인들을 능가했다. "내가 내 동족 중 여러 연갑자보다 유대교를 지나치게 믿어 내 조상의 전통에 대하여 더욱 열심이 있었으나."28) 오랫동안 확립되어 왔던 포로기 이후의 율법주의적 유대교의 틀이 바울 안에 강력하게 뿌리 내리고 있었다. 그 틀은 그에게 전통을 해석하는 기준이 되었다. 토라에 대한 사랑이 그를 형성시켰다. 이 사랑 때문에 사울은 토라를 향한 어떠한 혼합주의적인 접근이나 불충성을 막고 유대교의 생활을 보호하는 일에 열정적이 되었다. 이 때문에 그는 할 수 있는 모든 수단을 동원하여 예수를 추종하는 새로운 운동을 근절시키려고 노력하게 되었다. 그는 자신의 행동이 이스라엘의 의를 획득할 것이며 여호와의 날을 재촉할 것이라고 확신했다.

  그가 갖고 있었던 이 틀 때문에 사울은 하나님의 목적에 맹목적 태도를 취했으며 부활하신 예수님과의 조우도 전혀 준비할 수 없었다. 그러나 다메섹으로 가는 도중에 그의 세계는 급격하게 완전히 와해되었다. 그 경험은 실제로 그의 눈을 멀게 만들었다. 그리고 그 일은 그가 기존 세계의 틀에서 갑작스럽게 분리되고 경계성에 놓인 것에 대한 일종의 은유라고 할 수 있다. 바로 그 상태에서 이 유대교 수호자는 그 직전까지 자기가 원수들이라고 맹세했던 바로 그 사람들에게 자신을 의탁해야 했다. 이러한 경계 경험과 코뮤니타스로부터 새롭게 떠오르게 된 것이 바로 새 사람, 예수 그리스도에게 매인 종 바울이었다. 예루살렘 교회의 리더들조차도 이 변화를 도저히 이해할 수 없었다. 그들은 그 일을 믿지 못했다. 사울이라는 사람에 대해서 알고 있던 사실과 그에 대한 추측이 실제 사울의 모습과 너무 달랐기 때문이다.

그러나 성령님은 신생 교회와 그 모든 지도자들을 위해서 계속해서 기존의 자리를 떠나게 하시고 분리시키시는 환경을 창조하신다. 스데반 순교 이후 박해가 일어나서 예수 추종자들이 예루살렘에서 쫓겨났다. 사울은 스데반의 순교 현장에 있었다. 예루살렘 교회 리더들은 흩어지는 유대인 그리스도인들에게 교회 안에서 하나님이 행하고 계신 일에 대한 기본적인 가정들을 따를 것을 지시했다. 그들이 어디를 가든 오직 유대인들에게만 예수님을 전하라고 지시했다. 그러나 한 그룹이 기대의 울타리를 깨고 안디옥으로 들어가서 이방인들을 포함해서 모든 사람에게 예수님을 전했다. 그 결과 대규모의 개종이 일어났다. 복음은 인종과 종교적 유산의 장벽을 뛰어넘는다. 그리고 나서 대략 3년 뒤에 바나바가 바로 이 다인종적인 안디옥 공동체에 바울을 초청했다. 그곳에서 우리는 인종, 성별, 그리고 소수민족이 서로 연합해 있는 교회 가운데서 형성되고 있는 코뮤니타스를 본다. 바로 이 코뮤니타스로부터 이방인을 향한 바울의 선교 소명이 시작된 것이다.

하나님은 지금도 그 패턴을 바꾸지 않으셨다

경계 경험과 과도기는 새로운 현상이 아니다. 그러한 생각은 수백 년 동안 하나님이 역사하신 입증된 방식들이다. 이상 성경의 예들은 하나님이 어느 시대에서나 하나님 백성들을 위한 계획을 갖고 계심을 보여 준다. 물론 때때로 우리는 우리의 선입견을 떨쳐 버려야 하며, 새로운 자리에 있게 하시는 그 계획에 반드시 열려 있어야만 한다.

성찰과 적용

1. 이상의 성경 서사들을 탐구함으로써 당신이 경계성에 대해 얻게 된 새로운 통찰은 무엇인가? 그들이 경험한 분리와 상실, 혼란의 의식에 동감되는 부분이 있는가?

2. 하나님은 그들의 분리 의식을 어떻게 사용하셔서 그들을 코뮤니타스로 만드셨는가? 이상의 말씀들을 살펴본 후에, 당신이 이해했던 코뮤니타스의 정의에 새롭게 덧붙여진 것이 있는가?

3. 코뮤니타스가 발전되는 일을 방해할 수 있는 것들은 무엇이 있는가? 이런 일들은 어떻게 일어나는가? 어떻게 그런 일들을 예방할 수 있겠는가?

4. 변화에서 재형성으로 가는 단계에서 중요한 특성은 무엇이라고 생각하는가? 그 점에 대해서 토론하라. 하나님의 백성들 가운데서 하나님의 계획에 따라 재형성(변혁, 개혁)이 일어나기 전에 새로운 세대가 등장하는 것이 왜 중요했는가?

5. 구약에 나오는 경계성, 과도기, 재형성의 말씀과 신약에 나오는 그와 같은 말씀의 차이점은 무엇이라고 생각하는가? 예수님은 이 땅에 하나님의 목적을 성취하시는 일에 어떤 차이점을 보이셨는가? 성령께서는 어떤 차이점을 일으키셨는가? 이러한 차이점들은 우리 시대에 대한 하나님의 선교를 분별하고 그 사명에 따라 살려는 우리에게 어떤 도움을 주는가?

제9장
과도기와 문화
Transition and Culture

리미널과 이머전트는 모두 급격히 변화하고 있는 상황 가운데서 교회가 어떻게 하면 교회로 존재할 수 있는지를 알기 위해 분투하고 있다. 그 일을 위해서는 코뮤니타스를 통해서 서로가 필요하다는 것을 깨달을 필요가 있다. 또한, 더 넓은 문화적 정황 가운데서 일어나고 있는 일이 불연속적 변화 속에서 교회 시스템을 이끌어가는 일과 어떤 식으로 연결되어 있는지를 이해해야 한다.

하나의 사회가 과도기에 들어가면 헛된 일이지만 불가피하게 저항이 일어난다. 변화가 우리 삶의 의식이나 패턴 같은 아주 중요한 어떤 것을 버리라고 요구할 때 우리 대부분은 그 변화에 저항한다. 그 이유는 이러한 의식과 패턴이 우리가 태어나고 우리를 형성한 문화이기 때문이다. 결과적으로 변화를 주도하는 일은 더 넓은 문화적 정황에서 발생하고 있는 변화를 이해할 때 가능하다.

문화와 사회

그러기 위해서는 먼저, 서로 연관되어 있지만 차이가 있는 두 가지를 구별해야 한다. 그것은 바로 문화와 사회이다. 문화인류학자 클리포드 기어츠Clifford Geertz는, 우리 각자는 1,000여 가지의 삶을 살 수 있도록 준비된 상태에서 삶을 시작하지만 한 가지 삶을 살 뿐이라는 사실을 관찰했다.29) 그 이유가 바로 문화에 있다고 기어츠는 말했다. 그는 문화를 다음과 같이 정의한다. "문화는 행위를 주관하기 위한 일단의 통제 메커니즘으로서 작동하는 계획, 조리 방법, 규칙, 지침 등 물려받은 상징 형태들의 체계이다."30) 문화인류학자 폴 히버트Paul Hiebert는 문화라는 것을 "사상, 감정, 가치가 통합되어 있는 체계나 집단이 자기들의 생각과 느낌, 행동을 조직하고 규제하면서 공유하는 학습된 행위와 산물들의 패턴"이라고 본다.31) 히버트는 문화에 세 가지 차원이 있다고 제시한다. 그것은 1) 인지적cognitive 차원사상, idea, 2) 정서적affective 차원감정, feeling, 3) 평가적evaluative 차원가치, value이다.32) 다음의 모델은 이 세 차원들을 예시해 준다.

문화는 이상 세 가지 차원으로 구성된다. 이 차원들은 우리가 우리 외부의 세계를 보고, 이해하고, 평가하거나 우리 집단을 타 집단과 변별하기 위해서 사용하는 렌즈들이다. 우리는 행위를 하며, 이러한 더 깊

은 가치들을 표현하는 산물들 예배, 차에 대한 집착, 가족, 정당, 혹은 우리가 입으려고 선택하는 의복의 종류 등을 생산한다. 문화는 세계에 대한 지각을 형성하는 핵심 가치와 사상, 경험을 표출하며 세계에 의미를 준다. 문화는 우리의 삶을 이해하게끔 해주는 상징과 의식 rituals 의례, 서사들을 제공한다.

'사회'는 우리의 문화를 표현하고 생명력을 주기 위해서 발전시키는 관계와 산물들을 표상한다. 관찰 가능한 사회적 상호작용들이 소위 우리가 말하는 '사회'라는 것이다. 어떤 사람이 해외여행을 하면서 자기 나라의 국기라는 상징을 보게 되면, 마음 깊은 곳에 있는 가치와 신념에서 비롯되는 감정적인 반응이 솟구쳐 오른다. 그 국기는 핵심적인 문화 가치에 대한 외형적이며 표면적이고 사회적인 상징이다.

사회와 문화가 상호 작용한다는 사실은 명백하다. 그 기본적인 관계는 문화에서 사회로 표출된다. 문화가 사회를 발생시키고 형성시킨다. 사회적 상호 작용들은 집단 생활을 형성하고 있는 문화적 힘에 대한 우리의 다양한 방식들이다.

그래서 히버트는 우리가 살고 있는 층위에 두 층위가 있다고 본다. 그것은 심층적 core 차원과 표면적 surface 차원이다. 옆의 간단한 도표는 문화와 사회 사이에 존재하는 이 관계를 예시해 주고 있다.

표면적 특성들은 우리가 사회에서 실제로 보고 경험하는 바를 표

제9장 과도기와 문화 171

상한다. 그것은 조직, 법, 정치, 종교, 예술, 경제, 추세, 통계, 습관, 뉴스에 보도되는 사건들의 종류 및 깃발, 예술 등과 같이 한 사회의 겉으로 눈에 보이는 문화적 산물의 층위이다. 이 표면 아래에 '핵심적인' 심층 가치와 틀이 놓여 있다. 한 사회를 몰고 가며 만들어가는 것이 바로 이 심층 한 가운데에 있는 '핵심적인 특성들' 세계관이다.

심층적 특성과 표면적 특성의 구분은 우리가 대면하고 있는 경계성의 성격을 이해하는 데 매우 중요하다. 이 구분은 또한 북미에서 교회가 맞닥뜨리고 있는 도전들을 타개해 나가는 방법에서 리미널과 이머전트 사이에 존재하는 긴장 관계를 잘 보여 준다. 여기에서 차이점은, 우리가 다루어야 할 변화의 층위들이 하나님의 백성이라는 공동체 속에서뿐 아니라 이들 공동체가 속해 있는 더 넓은 문화적 정황 속에서도 일어난다는 것이다. 사회의 표면적 이슈들은 일단의 기술들을 요구하겠지만, 심층적 변화들은 전혀 다른 변화의 층위에 속한다.

교회와 문화 모두가 현재 맞닥뜨리고 있는 변화의 층은 단순히 표면이 아니라 심층적 특성들의 층이다. 불연속적 변화가 안정을 제공해 주던 습속과 관례로부터 우리를 한걸음 더 멀어지게 만들면서 사회적 안정의 기저에 놓여 있던 심층적 특성들 또한 점점 더 침식되어 가고 있다. 이러한 수준으로 변화가 일어나면서 우리의 외적인 환경들은 우리에게 하나의 집단이나 시스템에 정체성과 의미를 부가하기 위해 우리가 발전시켰던 심층적인 내면의 조직 패턴 및 습속과 점점 불일치하고 있다. 다음 도표는 이러한 상대성을 정리한 것이다.

변화의 층이 사회표면적 특성들에서 문화심층적 특성들로 이동했다. 이 상황에서 리더들이 안정 단계의 가정들이 여전히 유효하다거나 그저 변화에 반발하는 것으로 충분하다고 여기면 제 역할을 할 수 없다. 지금은 새로운 형태의 삶과 증거를 하나님이 불러내고 있는 방식으로 분별하기 위해서 하나로 모여 코뮤니타스를 형성해야 할 때이다.

경계적 문화에서의 리더십

과도기에서의 경계지대 단계는 서구 문화와 단일 교회, 교단 시스템의 조직을 포함한 문화의 심층적 특성들을 바꾼다. 이 변화는 대중 문화상의 변화, 혹은 표면적 변화 그 이상의 것이다. 리더들은 단순히 이러한 변화의 징후에만 초점을 맞춤으로써 현재 일어나고 있는 변화를 잘못 해석한다. 리더들은 자기들의 역할이 이전 세계의 틀 가운데서 조직을 관리하고 운영해 나가던 역할 그대로라고 단정할 것이다. 그렇게 되면 대중 문화의 트렌드에 기초해서, 즉 표면적 특성에 기초해서 불연속적 변화에 반응하게 되고 그 결과 심층적인 핵심의 변화에 따르는 더 깊은 쟁점들을 끄집어내는 데 실패하고 말 것이다.

현재 우리의 '문화'가 대대적인 불연속적 변화를 통과해 나가면서 맞이하고 있는 심원한 변화의 층들을 예시하기 위해 다음의 도표를 제시했다.

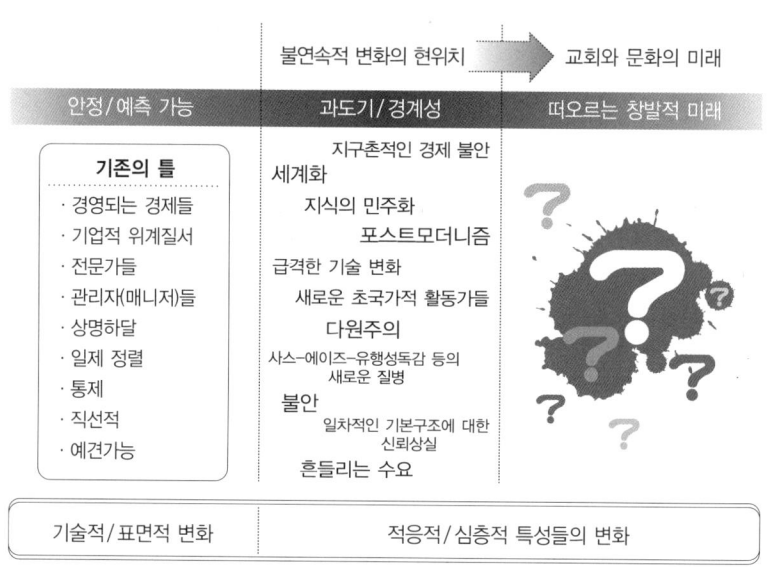

경계성의 층들은 앞으로 몇 십 년 동안 계속해서 증가할 것이다. 그러므로 리더들은 그러한 변화를 어떻게 타개해 나가야 할 것인지 배워야 한다. 앞의 도표는 리미널이나 이머전트 모두가 심층적인 문화 변화에 얼마나 깊숙이 빠져 있는가를 잘 보여 준다. 우리가 어디에 있는지, 혹은 어디로 가고 있는지를 아는 사람은 아무도 없다. 우리는 하나의 코뮤니타스 안에서 서로가 필요하다.

북미의 문화는 급격한 변화의 과정 가운데 있다. 점점 더 세계화되어

가고 있는 다문화적 사회가 등장하면서 북미 문화는 경쟁하는 가치들 가운데서 뿌리 뽑히고 있다. 동시에 특정 형태의 기독교적 정체성이 도전을 받고 있으며, 우리 문화의 심층적인 핵심 특성을 규정해 주던 이전의 역할을 상실하고 있다. 이것은 현재 교회가 직면하고 있는 대부분의 변화의 쟁점들이 도표의 오른편으로 이동하고 있음을 의미한다. 불연속적 변화가 몰고 오는 경계성이 현재 트렌드와 통계라는 사회적 표면보다는 훨씬 더 깊은 층위에서 발생하고 있다. 변화하고 있는 것은 바로 심층적 핵심 특성들 자체이다. 교회와 문화의 기본적이고도 오랫동안 견지해 왔던 암묵적인 가정과 틀, 가치가 위협당하고 침식하고 변모하고 있다.

리미널과 이머전트: 심층적 변화에 대처하라

에드거 쉐인 Edgar H. Schein은 그의 저서 『조직문화와 리더십』 교보문고, 1990 에서 리미널과 이머전트가 이 중요한 도전들을 해소할 코뮤니타스를 발전시킬 방법 여섯 가지를 제시하고 있다. 여기 제시하는 네 가지 사항은 우리의 논의에 직접적으로 연관되어 있다.

- 1) 우리는 공통 언어를 만들어야 한다. 집단과 조직은 자신들의 핵심 가치와 생각, 감정을 소통하는 그들만의 언어를 형성한다. 그들이 사용하는 언어는 다시 그들 내부 문화에 기여한다. 마찬가지로 리미널과 이머전트도 공히 현재 자신들이 처해 있는 위치를 정의하고 앞에 놓여 있는 최상의 길을 발견하기 위해 노력하면서 그들만의 언어를 개발해 왔다. 그리하여 너무

나도 빈번하게 그 언어가 그들을 분리시키고 있다. 예를 들어서, 이머전트는 '제도' 대 '조직'이라는 식의 언어를 사용한다. 이런 일이 많이 벌어지면 벌어질수록, 우리가 서로 대화하거나 서로를 이해하기가 더욱 어려워진다. 양측이 가지고 있는 배타적이며 분열적인 언어는 "우리 대 저들"이라는 지나치게 단순한 환경을 만들며, 동일한 경계를 공유하고 있는 집단 사이에서 창의적이며 혁신적인 대화의 가능성을 닫아 버린다. 그것은 모든 사회 집단이 기능하는 자연적이며 통상적인 방식의 일부다. 그러나 심층적인 핵심이 바뀌고 있는 이 시기에 우리는 개방되어 있는 대화의 언어를 유지해야 한다. 이것이 필수적인 두 번째 사안을 끌어낸다.

2) 포함과 배제에 대한 집단의 경계와 기준을 다시 정의해야 한다. 모든 집단은 누가 우리 편이며 누가 외부인인지를 신속히 파악하는 속성이 있기 때문에, 가능한 한 대화의 범위를 개방적으로 유지하는 법에 초점을 맞출 필요가 있다. 장기간 지속되었던 기독교 사회의 안정기에서는 교단적 가치와 신앙고백의 진술에 근거해서 경계를 설정하기가 비교적 간단했다. 이 경계는 종종 종교개혁 이후의 유럽에서 형성된 그 교회가 여러 다른 민족들을 통해 북미에 유입된 사실에 근거해 있었다. 역사적으로 볼 때, 교단 시스템의 다변화는 이러한 지배적인 유럽 사회 안에서의 민족적 구분에 근거해 있었다. 분명 300년 이상의 역사가 흘렀기 때문에 사람들의 상상력에 구축되어 있는 이 문화 세계를 간단히 허물기는 불가능한 일이다. 그 세계가 급속하게 사라지고 있는 지금도 이 세계는 아직 살아 있으며, 이 세계의 작용력과 기능이 아직도 많은 교회 시스템을 형성하고 있다. 여기에서의 핵심은 이머전트와 리미널 사이의 대화 포인트를 찾는 것이다. 현

재 우리가 직면하고 있는 변화의 성격에 대해서 개방적이고 지속적인 대화를 개발해야 한다. 또 이런 도전들을 타개해 나가는 상대방의 실험들을 서로 기꺼이 지원해야 한다.

3) 권력과 신분을 넘어서는 대화법을 배우고 친밀함과 우정, 사랑의 규범을 개발해야 한다. 리미널과 이머전트에게는 동료 관계를 맺을 수 있는 새로운 규칙이 필요하다. 나눔과 개방은 우연히 일어나지 않는다. 그러한 것들은 세심하게 마련된 암묵적인 코드의 기능과 같다. 표면적인 협력으로는 이런 일이 일어나지 않는다. 이 대화는 표면적인 관례를 넘어 하나님의 사명을 가지고 하나님의 백성으로서 기꺼이 만나겠다는 태도를 요구한다.

4) 이데올로기를 제쳐놓을 줄 알아야 한다. 리더들이 자기 조직의 문화적 가치 밖으로 지속적으로 걸어 나올 수 있는 능력이 없다면, 그들은 오로지 그들 집단의 가치와 과거의 영광만으로 우리 문화의 심층적 핵심의 과도기에 대응하게 될 것이다. 이러한 경향이 대부분의 교회와 교단 시스템에서 계속되고 있다. 그러나 그것이 이미 이머전트의 언어와 이미지를 형성하고 있기도 하다. 통합과 연속성을 지향하는 내부의 메커니즘은 아주 강력하다. 결과적으로 리미널과 이머전트는 이 과도기를 자기들만의 틀과 경계에서 접근하고 만다. 그러나 이 새로운 세계는 우리 자신이 가지고 있는 이데올로기를 기꺼이 반추해 보고 다른 사람들의 방식을 찬찬히 경청함으로써, 대화할 수 있는 공통의 근거를 마련할 수 있는 태도를 요구하고 있다.[33]

우리는 거대한 문화 변천 속에서 자기이해를 해야 하는 도전에 직면해 있다. 이 일에는 교회와 교단의 문화와 틀에 대한 재고를 포함한다. 이 일은 엄청난 도전이다. 리미널은 새로운 기술과 능력을 배우는 것을 두려워한다. 이머전트는 그들이 버린 리더십 형태에 계속해서 반발하고 있다. 그래서 할 수 있음에도 불구하고 리미널의 장점을 인정해 주는 일에 더욱 인색해지고 있다. 양측의 리더들은 제대로 준비되어 있지 못한 세계 속으로 밀려 들어와 있다. 새로운 형태의 미셔널 삶에 대한 구체적인 형태를 제공해 주게 될 세대는 아마도 아직 나타나고 있지 않거나 이제 막 대화에 돌입하고 있는 것 같다.

리더십에 대한 함의

리처드 세넷 Richard Sennett은 그의 저서 *The Corrosion of Character* 품성의 부식에서 지난 몇 십 년 동안 일어난 대대적이고도 고통스러운 변화들이 우리 문화의 성질을 크게 형성하는 북미 노동자들에게 심대한 영향을 끼쳤다고 주장한다. 그는 지난 25년 동안 보스턴의 한 빵 가게에서 일했던 사람들의 노동과 삶에 대해 보고한다. 그 시기에 그 빵집은 열심히 땀을 흘리며 약간 심술궂은 듯한 그리스 출신의 미국인 단체가 운영했다. 그들의 특징은 빵집에 대한 충성과 그들이 하는 일에 대한 자부심이었다. 그들은 지역사회에 그들의 삶을 전부 투자했다.

그러나 25년 후 그 집단은 사라져 버렸다. 기계가 이 전문가들을 대체해 버린 것이다. 지금은 파트타임 노동자들이 기계를 돌린다. 파트타임 노동자들은 몇 달 동안만 그 일을 하고 다른 직장으로 옮겨간다. 그들은 제빵업자가 아니다. 그리고 아무런 소속감도 없다. 그들은 빵 가게에서

나 이웃에서 일어나고 있는 일에 무관심하며 관심을 두려고 하지도 않는다.34)

세넷은 그 저울의 반대편에 있는 사람으로, 세계적인 컴퓨터 회사 IBM의 전 간부로서 높은 수당을 받았지만 지금은 직장에서 밀려난 사람들의 삶을 기술한다. IBM의 인력 축소는 그들에게 청천벽력 같은 일이었다. 세넷의 기록에 따르면, 그들은 그들의 운명을 받아들였고 내면으로 향했다. 그들의 에너지가 공공의 활동으로 향하지 않고 내적 의식으로 들어가버린 것이다.35)

50년 전에 우리 문화를 이끌어 갔던 핵심 가치가 급격하게 변하고 있다. 뭔가가 변했다. 이것이 우리 교회와 제도를 이끌어가는 모든 사람에게 심원한 함의를 지니고 있는 새로운 종류의 일치된 의견이다. 현재 우리는 자신들의 경계성을 다루느라 애를 쓰고 있는 사람들의 반응에 직면하고 있다. 이 세계 속에서 우리 중 누구도 문제점을 해결할 준비가 되어 있지 않다.

이제 리더들은 그들 자신과 시스템이 처한 변화의 층위들을 이해하기 위해서 그들이 당연한 것으로 받아들이고 있는 조직 문화에서 벗어날 수 있는 기술을 개발해야 한다. 리더들은 함께 코뮤니타스에 들어간다는 생각에 대한 불안감과 저항을 처리하여 자연스러운 감정을 느낄 필요가 있을 것이다. 코뮤니타스는 반드시 대화에 기초해야 한다. 그 대화는 표면적 변화들에 대한 대응이 아니라 문화의 심층적 핵심 특성들 가운데서 일어나고 있는 불연속적 변화를 이해하고 타개하는 일을 중심으로 하는 대화를 말한다.

성찰과 적용

1. 문화와 사회를 직접 정의해 보라. 당신은 그 둘을 어떻게 구별하는가? 최근 몇 년 동안 사회와 문화의 각 분야에서 일어난 변화 몇 가지를 들어보라.

2. 복음의 심층적 핵심은 어떤 특성을 가지고 있는가? 그 핵심들은 사회와 문화의 변화에서 어떤 영향을 받는가? 만일 표면적 특성들이 변화한다면, 그 변화는 복음의 핵심 특성들에 어떤 영향을 주는가? 교회 선교의 중심에는 무엇이 있는가? 무엇이 있어야 하는가? 우리가 어떻게 이러한 변화들에 적응하면서도 우리의 핵심적인 메시지를 변경하지 않을 수 있겠는가?

3. 174페이지에 있는 도표를 다시 살펴보라. 이러한 것들이 교회에 얼마나 영향을 끼쳐왔는가? 이러한 쟁점들을 끄집어내고 해소하는 점에서 리미널이 갖고 있는 장점은 무엇인가? 이머전트가 갖고 있는 장점들은 무엇인가? 이러한 문제들을 타개해 나가는 데 있어 코뮤니타스는 우리에게 어떤 도움을 주겠는가?

4. 175-177페이지에서 에드거 쉐인이 제시하고 있는 네 단계에 대해 토론하라. 이 단계들이 리미널과 이머전트의 '코뮤니타스'에 어떻게 기여한다고 보는가? 교회에서 이 단계들을 활성화시킬 수 있는 방법은 무엇인가?

5. 과도기에 대한 우리의 대화에서 우리가 표면적 쟁점들이 아니라 심층적인 핵심 쟁점들을 끌어내어 언급하고 있다고 어떻게 확신할 수 있겠는가? 어떻게 우리가 우리 자신의 입장과 비슷한 목소리만이 아니라 다양한 목소리를 경청하도록 할 수 있겠는가? 코뮤니타스를 형성할 때 다양성이 중요한 이유는 무엇인가?

제2부

변화하는 세상에서의 리더십

10 과도기와 리더십 **11** 제안 **12** 대 스승의 역할

제10장
과도기와 리더십
Transition and Leadership

우리의 다음 과제는 현재 북미 전역에 걸쳐 교회를 형성하고 있는 힘을 이해할 수 있는 틀을 제시하는 것이다. 정리하자면, 지금까지 나는 현재 우리가 대대적인 과도기에 있으며, 그 과정을 통해서 우리 문화가 불연속적 변화를 통과하고 있다고 주장했다. 이 대규모적인 변화의 결과 중 하나는, 20세기 내내 발전되어 기독교의 중심인 교회의 역할을 지지해왔던 시스템과 리더십 능력 대부분이 하나님이 계획하신 다음 단계를 향해 교회를 이끌어가기에는 더 이상 적합하지 않다는 것이다.

이 불연속적 변화를 교회가 헤쳐 나갈 수 있도록 다양한 프로그램과 집단, 제안, 시스템이 부상했다. 그러한 것들 가운데 리더와 교회로 구성된 리미널과 이머전트라는 두 그룹이 있다. 리미널은 주로 지난 20세기의 반 동안 기존 교회의 틀과 관습을 통해서 리더십 기술을 형성했던 사람들로 구성되어 있다. 그들의 경험, 그들의 세계, 그들의 헌신은 과거에 번영했던 교회 시스템들 쪽에 있다. 그러나 그들은 통탄스럽게도 현재의 불연속성과 교회의 미래에 준비되어 있지 않다는 사실을 인식하고 있다. 현재 그들은 경계 지대에 깊숙이 들어선 상황이다. 하나의 세계가 상실되었지만 그들은 현재 자신들이 어떤 상황에 처해 있는지, 그 상황을 어떻게 헤쳐 나가야 할지 전혀 모르고 있다.

반면에 이머전트는 과거의 교단 체제에 거의 아무런 충성심도 지니고 있지 않은 더 젊은 리더들의 집합을 대표한다. 그들은 20세기에 세워진 교회의 리더 교육 제도에 깊은 의구심을 갖고 있다. 그리고 자기들을 '제도적' 교회와 동일시하는 어떠한 것도 인정하지 않는다. 그러나 스스로를 교회의 장래를 위한 실험적 첨단이라고 자처하는 이 집단조차도 깊은 경계 지대 상황에 처해 있다. 몇몇 훌륭한 젊은 리더들이 속해 있긴 하지만, 이머전트 역시 그 추종자들을 어떤 식으로든 미래로 인도해 줄 수 있는 습관과 가치, 혹은 생활 양식을 개발하는 데 거의 무감각하다. 이머전트의 창발성은 아주 멋진 개념이다. 그러나 그 개념은 포스트모더니즘과 테크놀로지 활용에 대한 논의 훨씬 이상의 것이며, 생활 양식을 소개하고 과거에서 예배 양식을 가져오는 등의 새롭고 더 좋은 방법들을 발견하는 일 이상의 것이다.

현재 이 두 부족은 교통이 거의 없다. 그렇지만, 우리 모두가 처해 있는 경계적 상황은 서로의 경계선을 허물고 문제점을 공유하기를, 상대방에게 자기를 과시하거나 상대방을 자기처럼 만들려고 할 필요 없이 기꺼이 대화에 돌입할 태도를 요구한다. 이것이 소위 '코뮤니타스'이다. 경계 지대에서는 예견한다는 것 자체가 불가능하다. '코뮤니타스'는 두 집단을 넘나들면서 서로 경청하고 각자가 가져온 선물을 확인하는 자리이다. 그곳에서는 모든 하나님의 백성들을 위해 미셔널 방향을 쇄신해 나가는 데 필요한 기술과 능력, 상상력 몇 가지를 함께 분별한다. 그곳은 기억을 회복하고 새로운 습관과 실천을 실험해 보는 자리이다. 바로 이 때문에 리미널과 이머전트는 리더십 코뮤니타스에서 서로를 발견할 필요가 있다.

이 기초공사가 이루어지면, 리더십과 불확실한 미래의 문제점에 초점을 맞출 것이다. 장벽을 넘어서 이 두 집단이 기꺼이 함께하면 방향과 소망, 상상력에 대한 하나님 백성들의 절실한 필요를 해소해 줄 수 있는 혁신적이고 창의적인 리더십 형태와 실험들이 떠오르게 될 것이다. 그렇지만 명심해야 할 사실은, 이것이 잘 짜인 전략을 세우는 것이 아니라는 점이다. 그것은 우선적으로 기꺼이 동참하겠다는 태도이다. 우리에게 필요한 것은 하나님의 성령이 우리 가운데 거하고 계시며, 우리의 진실한 상호작용 가운데 하나님의 지시와 목적을 발견할 것임을 확신하며 코뮤니타스에 동참하겠다는 태도이다.

이러한 경계적 환경 속에서 리더들은 새로운 요구사항과 스트레스를 경험한다. 그 환경은 안정적인 환경 가운데서 리더들에게 요구되는 적성과는 다른 것을 요구한다. 이어지는 장들에서는 코뮤니타스에 기꺼이 참여하는 사람들이 리더십 이슈들을 해소할 방안을 제시하겠다.

환경을 개발하라

하나님 백성들은 세상 문화 가운데서 하나님의 선교적인 백성이 된다는 것이 무슨 의미인지를 분별하고 상상하도록 부르심을 받고 있다. 그러나 대부분의 사람들은 어떻게 해야 그렇게 할 수 있는지 잘 알지 못한다. 리더의 역할은 하나님 백성의 미셔널 상상력이 발휘될 수 있도록 환경을 개발하는 것이다.

이런 '개발하는 리더십' 활동은 하나님의 성령이 가장 구체적으로 역사하시는 현장에서 하나님의 백성이라는 성경적 이해를 진지하게 취급한다. 하나님의 미래는 바로 하나님의 백성 가운데서, 그들을 통해서 떠오른다. 개발의 사역은 코뮤니타스 안에서 리더들이 해야 할 작업의 핵심으로, 하나님의 백성들을 쇄신하는 법에서부터 하나님이 일하시는 현장을 상상할 수 있는 환경을 조성하는 법을 배우는 일이다. 그 일은 경계지대에서 하나님께서 예비해 놓으신 미래를 향해 성령님께서 우리를 이끄신다는 확신을 전달한다.

개발하는 리더십이란 하나님의 백성들이 어느 순간 교회가 직면해 있는 모든 문제점에 대한 대답을 갑자기 발견하게 될 때를 기다리고 있다는 뜻이 아니다. 리더십이 환경을 개발하는 일이라고 정의한다면, 리더들은 이 정의가 너무 단순화되었으며 순진하고 작동 불가능한 시각이라고 항변할 것이다. 그들은 리더십이란 전체를 주관하고 지시하고 비전을 제공하는 일이라고 주장한다. 이러한 항변 가운데는 통제와 예측 가능성에 대한 근대성의 확신들이 자리 잡고 있다. 이러한 상상력이 리더십을 바라보는 우리의 태도와 평가에 얼마나 깊이 스며들어 있는지는 아무리

강조해도 지나치지 않다. 20세기는 전문가들의 세기였다. 리더십은 기능적으로나 근본적으로 하나님의 백성으로부터 멀어져 있었다. 리더들은 궁극적으로 그들이 답과 해결책을 제시해야 하고 전략적인 계획을 개발해야 한다고 가르치는 환경 속에서 생겨났다. 아직도 많은 리더들이 이 점을 확신하고 있다. 그 결과, 극적으로 바뀌고 있는 우리 문화의 환경과 권위와 전문가에 대한 젊은 세대들의 변화된 시각은 리더들에게 혼란을 주고 있다. 그들은 자신을 형성해온 내면의 메시지와 리더십이 더 이상 우리 시대의 복잡성과 불연속성을 해소해 줄 수 없다는 자각 사이에서 갈등하고 있다.

이러한 갈등을 해소할 환경을 개발하는 문제와 관련하여 이머전트 리더들이 갖고 있는 쟁점은 아주 다르다. 그들은 종종 개발formation과 창발성emergence이라는 개념을, 바로 직전의 과거를 형성했던 리더십 형태 대부분을 배격하라는 명령으로 읽는다. 어떤 사람들은 자기들이 속했던 교회에서 경험한 구조적 형태의 리더십에 대한 본능적 반발로 어떠한 종류의 리더십도 피하는 새로운 형태의 교회 환경을 창조하고 있다. 마치 구조가 없거나 반구조적인 공동생활의 형태가 유지될 수 있다는 듯이, 또는 포스트모던 세계 속의 어떤 새로운 형태의 교회를 대표하기라도 하듯이 말이다.

여기에서 개발과 창발에 대한 이해는 이전에 속했던 교회에서 겪었거나 신학교에서 배운 통제 중심의, 상명하달적인 리더십의 전문화에 대한 반작용을 통해서 이루어진다. 이머전트는 개발과 창발을 구조/반구조의 변증법을 통해 리더십을 상대적으로 이해하는 경향이 있다. 그 결과 어떤 이머전트 추종자들은 어떤 식의 리더십도 없는 상황을 만들려고 시도함으로써 정반대 방향으로 치닫고 있다.

그들은 리더가 전혀 없는 평등한 상태의 공동생활을 만들려고 노력함으로써, 리미널의 리더십 양식에서 동떨어져 나와 이전의 리더십이 가지고 있던 중요하며 유익한 구조들을 간과하게 되었다. 지금은 이러한 반작용과 반발이 과잉하고 있는 상태다. 장기적인 맥락에서 이러한 반구조적 전망은 모델이나 멘토의 혜택을 받지 못하고 있는 젊은 이머전트 리더들에게서 일어나고 있다. 그들은 지속적인 공동체 생활을 형성하지 못해서 낙심하고 혼란스러워 하고 있다. 그들은 공동체 생활의 요소에 대한 토론에서 자신들이 무기력하다고 느낀다. 그러나 그러한 문제들은 리미널의 구조와 리더십에 대한 기본적인 이해들로 쉽게 처리할 수도 있는 일이다.

개발 역할을 감당하는 리더십은 공동체 안에서 능숙하고 경험이 많은 사람들의 필요성을 인정한다. 그런 사람들은 마치 옛날 수도원 공동체의 수도원장이나 수녀원장 같은 역할을 감당하는 사람들이다. 그들은 여러 세대에 걸쳐 전수되고 있으며 오로지 영적인 견습 형식을 통해서만 개발될 수 있는 기술과 실천 사항으로 젊은 리더들을 양육한다. 이 일을 위해서는 실천 사항, 습관, 지침, 헌신, 전통을 중심으로 리더들의 공동체를 형성해야 한다.

환경을 개발하는 팀을 양성하라

성경은 무수한 리더십 이미지를 제공해 준다. 아브라함, 모세, 여호수아,

기드온, 다윗, 솔로몬, 베드로, 바울 등 모두가 족장, 사사, 원로elders, 왕, 제사장, 사도, 장로presbyters와 같이 판이하게 다른 상황 가운데서 다른 역할들을 감당했다. 제사장 계층은 선지자나 시인 계층과는 상당히 다른 역할을 했다. 사도들은 목사나 교사와는 다른 역할을 감당했다. 이스라엘의 역사와 교회의 역사를 보는 다양한 시점에서 여러 가지 다른 역할이 부상했으며 각각 중요한 위치를 차지했다.

성경 전체를 살펴보면 상황에 따라 리더십의 형태가 결정되었다. 언약을 세우는 시기에는 모세나 여호수아 같은 리더들이 권위를 갖게 되었다. 이스라엘이 적대적인 주변 민족들 사이에서 정착했을 때는 사사들이 백성을 이끌었다. 이스라엘의 경제가 양 떼를 이끄는 유목 생활에서 도시를 세우고 도시에 거주하는 형태로 바뀔 때, 이스라엘의 문화는 가치와 습속을 따랐으며, 리더십은 중앙집권화된 수도 예루살렘과 성전 출신의 왕과 제사장 계층으로 넘어갔다. 이 리더들은 점차적으로 규제를 중시하면서 정확한 의식 집전과 질서를 확보했다. 그리고 시인들이 등장하게 되었는데, 그들은 공식적인 구조 안에서는 아무런 리더십을 갖지 않은 사람들이었다. 그러나 그들의 글은 체제 전복적인 뉘앙스를 지닌 편치 않은 마음을 표출하고 있다. 그들은 언어와 상징 속에 이스라엘의 삶이 개편되기를 바라는 소수파의 암묵적인 염원을 집어넣어, 여호와께 대한 충성이 다시금 지표가 되기를 원했다.

이스라엘 백성이 이방 문화에 순응할 때는 선지자들이 등장하여 경고를 전하고 이전의 언약적 신실함으로 복귀할 것을 촉구했다. 선지자들은 변방에서 활동했다. 주전 587년 이후 이스라엘이 그 자체의 경계성에 비추어 서사와 정체성을 재구상하자, 선지자들의 리더십이 전면에 등장하게 되었다. 특히 왕과 제사장 같은 리더십이 장기적으로 지배하기는 했지만, 다양한 리더십 역할이 계속해서 그 상황에 맞게 일어났다.

신약 성경은 그리스, 유대, 로마의 구조에 지배를 받는 다문화적 환경 가운데서 자신들의 정체성을 확보하기 위해 씨름하는 신생 공동체의 갈등을 보여준다. 이 신생 공동체는 예루살렘이라는 중심부에서 외곽으로 밀려나는 역학 구조를 통해 그 형성이 가속화됐다. 그렇지만 그들은 동시에 교회의 생명이 창발하고 있던 현실에 지속적으로 대처해야 했다. 그 운동의 역학구조는 새로 등장하는 삶의 형태를 계속해서 벗어나는 것처럼 보였다. 그 역동성은 유동적이었다. 질서와 기능은 분열과 창발과 더불어 지내는 법을 찾아야 했다. 마찬가지로 리더십은 상황에 맞게 일어났다. 물론 토대를 이루는 구조는 있었다. 여러 형태의 회당 생활이 이 구조를 제공해 주었다. 그러나 그 운동은 지속적인 환경의 변화에 따라서 변하는 운동이었다. 구조와 창발은 서로 대립을 이루지 않고 나란히 나갔다. 이러한 측면은 긴장을 만들어냈다. 그러나 구조와 반구조 사이라는 이 긴장의 와중에서 하나님 백성들의 미셔널 형태들이 꼴을 갖추게 되었다.

이 초기 시절에 리더십은 다양한 역할을 감당했다. 기능은 유연했으며 당시 형편에 맞는 것이었다. 역할은 신분이나 규제 기능과는 거의 상관이 없었다. 역할은 생생하고 다양한 개성을 지닌 수많은 사람들을 통해서 작동했다. 이러한 리더들의 목록에는 사도, 복음 전도자, 선지자, 교사, 목사, 시인, 장로, 감독 등이 포함될 수 있다. 그러나 아무리 뒤져봐도

시대와 장소를 불문하고 규범으로 세워져야 하는 어떤 공식적인 '5중적' 질서나 패턴 "five-fold" order or pattern 같은 것은 찾을 수 없다. 초대교회 공동체들은 그들의 때와 정황에 맞게 리더십을 형성했지, 모든 시대에 걸쳐 항상 존재하는 교회의 보편적 패턴을 형성하고 있었던 것이 아니다. 리더십 기능들이 점점 감소하면서 로마의 생활 패턴과 필요를 보완해 주는 역할로 자리 잡게 된 것은, 가장자리에 있던 기독교 공동체가 로마 제국의 주류에 받아들여지고 흡수된 이후에 일어난 것이다. 이러한 기능들은 정해진 교구 안에서 목사-제사장사제-감독의 기능으로 제한되었다.36)

콘스탄티누스 대제의 재위 동안, 리더십은 제국의 사회 제도적 필요에 따라 형성되었다. 교회는 그 미셔널 출생 및 초기 발달의 역동성에서 벗어나게 되었다. 리더십에 대한 교회의 이해와 실천의 변모는 지금 우리 시대에 이르기까지 그리스도인과 기독교의 정체성을 바꾸어 놓았다. 금욕주의 운동은 제국의 비전을 따라 점차 제국을 모델로 삼아 발전하는 교회의 정체성에 대한 경계이자 반구조적인 항거였다. 종교개혁은 이러한 구조들을 변화시키는 데 거의 아무런 역할을 하지 못했다. 종교개혁은 제한적이며, 정착되어 있는, 교훈적이며, 보살핌에 기반을 둔, 그리고 규제적인 실천 사항을 심화시키는 경향이 있었다. 교회 리더십은 참된 말씀, 참된 성례, 참된 제자도의 맥락에서 믿는 자들을 감독하고 규제하는 역할을 맡았다.

말씀과 성례, 제자도를 통해 이루어지는 리더십의 이러한 3중적 기능은 20세기에까지 교회의 자기이해를 지배했다. 오늘날에도 여전히 그 기능은 많은 교단이 리더를 훈련시키는 배경이 되고 있다. 교회가 받아온 문화로부터의 후원이 끊기면서 좌초된 것이 바로 이 리더십 개념과 실천이다.

이머전트가 바로 이러한 리더십에 반발하면서 새로운 리더십의 유형을 발전시키려고 하고 있다. 리미널은 이러한 정황 속에서 혼란스러워하면서, 대안적 형태의 리더십을 발견하고자 한다. 두 부족 모두 그들의 개념적 틀을 새로 설정하기 위해 노력하고 있다. 두 부족 모두 리더십에 관한 많은 문화적 전제들이 더 이상 견지될 수 없는 경계 지대로 내몰리고 있다. 지금 우리 모두는 경계적 정체성이라는 공동의 위기를 함께 타개해 나가면서 하나님께서 이 시대를 위한 새로운 리더십을 만들어 주실 특별한 길을 함께 발견해야 하는 장소에 이르렀다. 이러한 일이 일어날 수 있는 환경을 설명하기 위해서는, 먼저 리더십과 조직 발전에 대한 다른 모델을 하나 간략하게 검토해야 한다.

로렌스 밀러의 조직체 생명 주기론

로렌스 밀러Lawrence M. Miller는 조직체의 역사에서 생명 주기의 패턴을 확인하고 있다.37) 그는 이 단계들과 더불어서 일련의 리더십 유형론을 발전시켰다. 그는 조직체에 생명 주기가 있으며, 그 주기가 대부분의 조직체의 쇠퇴와 사멸의 이유를 설명해 준다고 주장한다. 이 주기는 한 조직체의 특정 시기에 일어나는 리더십의 특성과 성장과 쇠퇴의 주기적 패턴을 깨뜨리는 일에 대한 실마리를 제공한다. 밀러는 리더와 조직체가 도전에 실패하는 것은 그들이 대부분 이러한 변화의 단계들을 이해하지 못하기 때문이라고 주장한다.

리더와 조직체는 종종 그들의 조직 문화 가운데서 작동하고 있는 실질적인 변화들 때문에 연결점을 상실하게 되고, 그 때문에 실패한다. 그들은 애초에 그들을 형성시켰던 선교에 대한 권력을 상실한다. 그리고 그렇게 됨으로써 그들의 존재 이유였던 외부 환경에 있는 집단들과의 관계도 끊어진다. 그 조직의 핵심 문화에 매우 중요한 변화가 발생했다. 그 변화는 리더십이 그 변화에 효과적으로 대처하기에 너무 늦을 때까지도 수면 위로 부상하지 않는다. 이 시점에서 필요한 것은 이머전트와 리미널 사이의 코뮤니타스이다.

어떤 조직체에서든지 항상 두 개의 동력이 작용한다. 외부를 향한 비전과 소망, 열정이며, 또 하나는 조직 자체를 넘어서도록 이끄는 소명이다. 그런 다음 성공을 하게 되면, 그 조직은 점차 내면을 향하면서 그 내면 세계를 돌보게 된다. 그 후 조직의 초점은 규제와 정체성에 맞추어진다.

밀러의 책은 심혈을 기울여서 현재 교회 시스템 안에 있는 리더십의 불안감을 설명하고 있으며, 그 불안감을 해결할 수 있는 방도도 제시하고 있다. 그는 조직체 생명의 일곱 단계를 제시한다. 다음은 처음 여섯 단계에서 기능하는 리더십 유형들에 대한 간략한 개요이다.

1) **선지자형 리더.** 사명에 대한 부르심을 보고 전달해 준다. 이러한 리더를 중심으로 형성된 교회는 그 사명을 생활화하는 열정적인 에너지를 소유한다. 선지자는 열정과 생각의 동력에 의해 움직인다. 세세한 일이나 실

행, 장기적인 조직 능력은 대개 그의 능력에 속하지 않는다. 선지자는 대개 그 비전을 실현할 솜씨와 기술을 갖추지 못하고 있다.

2) **야인형 리더.** 어떤 대가를 치른다 할지라도 변화를 기꺼이 실행에 옮기는 저돌적인 리더다. 이 리더는 일념으로 그 순간을 장악한다. 야인형 리더는 선지자형 리더의 비전을 취하여 장애물을 극복하고, 그 비전을 현실로 바꾼다. 선지자의 비전에서 잠재력을 보고 그 꿈을 현실로 만들기 위해 조직하는 능력과 그 일을 위해 필요한 것을 행할 의지를 갖고 있다.

3) **건축가형 리더.** 하나의 조직체를 성장, 발전시키는 데 필요한 전문화된 기술과 능숙함을 가지고 있다. 건축가형 리더는 비전을 이해하고, 이 비전의 초점은 내부를 향한다. 그 조직이 외부로부터 오는 도전을 극복하고 번영할지에 대한 물음은 넘어간다. 초점은 조직의 내적인 동력과 인프라 개발로 향한다. 이 단계에서 만일 그 조직의 일차적인 리더십이 아직도 선지자형이나 야인형으로 남아 있다면, 그 조직은 지속적인 비전과 위기, 쇄신 상태를 맞게 될 것이다. 그러므로 리더십은 조직 내부의 정신과 가치 및 구조를 형성시켜 주는 내면 지향적인 건축가형 리더로 바뀌게 된다. 조직 안에서의 기술들은 더욱 전문화된다. 절차가 더 중요해진다. 조직은 점점 복잡하게 되고 태도와 행동들이 바뀐다. 역할을 수행하는 리더십이 형편에 적응하는 리더십을 대체하게 된다.

4) **행정가형 리더.** 처음에는 행정이 그 조직의 사명에 봉사하도록 이루어진다. 그러나 점차적으로 그 관계가 뒤집힌다. 행정을 담당하는 리더십에서 새롭게 떠오르는 규칙과 전통의 리더십으로 전이되는 것이다. 이 단계에 이르면 그 조직은 쇠퇴하기 시작한다. 조직의 정신은 질서에 대한

헌신과 규칙을 따르는 것이 된다. 행정적 리더십의 초점은 그 시스템의 내면적 삶을 관리하는 데 있다. 행정가들은 조직의 사명보다 절차가 더 중요하다고 믿는다. 행정가형 리더십이 조직을 장악하면, 조직 안에 있는 창의적인 사람들은 자기 에너지를 투자할 수 있는 다른 곳을 찾기 시작한다.

5) **관료형 리더**. 조직 전체에 대한 확실한 통제를 부과하는 리더이다. 선지자_{예언자}형이나 야인형 리더들을 좋아하는 사람들이 떠나가면서 그 조직에서 창의성과 사명_{선교}이 고갈되기 시작한다. 관료형 리더는 조직의 사명보다는 권위와 지위의 상징에 집중한다. 따라서 변화에 대한 끈질긴 저항이 존재하고, 평화로운 변화는 점점 더 불가능해진다. 재조직을 통해서 문제를 다루며, 기존의 문화적 틀과 행정의 틀 가운데서 해결책을 구한다. 그 문화는 전통적인 생활 방식을 유지하는 일에 근거해 있다.

6) **귀족형 리더**. 조직의 의례적 삶을 계속 집행해 줌으로써 그저 그 시스템에 의지해서 살아간다. 이 의례화되어 있는 구조는 선지자들과 야인들이 조직의 삶을 구축할 때의 기억과 형태를 지니고 있지만, 그 모든 내용은 이미 오래 전에 포기한 상태이다. 귀족형 리더는 현재 이루어지고 있는 기능을 유지하기 위해서 존재하며, 그 시스템에 남아 있는 자원에 의지해서 살아간다.

이상의 처음 여섯 가지 리더십 역할은 다음의 도표에 잘 예시되어 있다. 이 도표는 하나의 조직에서 일어나는 탄생과 쇠퇴의 주기 및 각 단계에 나타나는 리더십 유형의 특징을 그리고 있다.

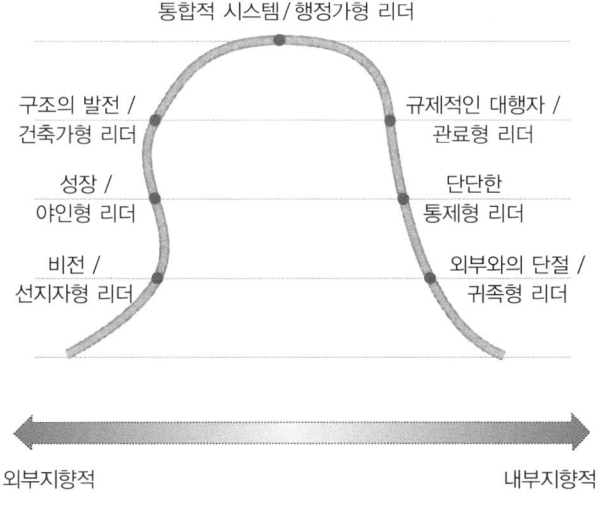

이러한 동력에 대한 자각이 없을 경우에, 교회와 교단은 그들의 생명 주기에서 그들의 위치에 적합한 리더를 선택하지, 그들을 소생시킬 리더들을 선택하지 않는다. 실질적으로 말해서, 이머전트에 속해 있는 현재의 많은 리더들은 그들의 반구조적이고 반체제적인 성향 때문에 주로 선지자적인 단계와 성장 단계에서 제 역할을 할 개연성이 높다. 이 점에서 이머전트에게 부족한 리더 유형은 제2세대와 제3세대의 등장을 가능하게 해주는 시스템을 형성할 건축가형 리더와 행정가형 리더들이다. 수십 년 동안 교회와 교단을 위해 봉사했던 리미널 리더들의 경우는 이제 선지자적이며 '야인같이' 저돌적인 역할을 요구하는 상황에 처해 있다. 불행하게도 그러한 역할은 그들의 사고방식과는 거리가 먼 것들이다.

만일 교회가 지속적인 미셔널 장래를 발전시켜야 한다면, 이 두 그룹은 서로 긴밀한 관계를 맺어야 한다. 서로의 도움이 없이는 현재 리더십에 존재하고 있는 결핍과 반발이 향후 몇 년 이내에 그대로 닮은 모습으로 나타날 것이다.

리더십 유형을 망라하는 리더십 코뮤니타스

교회 리더십의 지배적인 이미지는 여전히 목사에게 집중된다. 대부분 그 역할은 행정과 목양, 교회 문화에 대한 규제로 특징지어진다. 20세기에는 목사의 역할이 교회 조직체의 내적 구조를 보살피고 몇 세기에 걸쳐 구축된 전통과 시스템을 유지하는 일에 고도로 숙련된 능력을 지닌 전문가로 발전했다. 근대성의 해체와 더불어 서구 사회에서 교회가 누렸던 문화의 후원이 종결되었고, 그에 따라 교회 리더십의 지배적 구조가 갈라졌다. 이 위기가 많은 교단과 교회에 고통을 안겨 주었다.

선지자나 사도의 역할은 오늘날의 교회 시스템에서 거의 다 사라졌다. 젊은 세대 중에서 이러한 유형에 속하는 리더들은 점점 더 기존 교회 시스템의 밖으로 이동하고 있으며, 자신들의 열정을 규제와 관료적 경영이 지배하는 조직 시스템과 연결할 하등의 이유를 찾지 못하고 있다. 그러한 조직 문화 안에 사로 잡힌 채 남아 있는 교회 시스템은 되돌리기가 매우 어려울 것이다.

무슨 일을 할 수 있겠는가? 리더들은 파벌을 넘어 코뮤니타스 안에서 서로를 발견해야 한다. 코뮤니타스 안에서 리미널과 이머전트가 발견해야 할 잠재력은 서로가 가지고 있는 리더십 은사의 힘과, 지역사회와 다른 사회 곳곳에서 리더들의 모임을 형성하여 외롭게 혼자 서 있는 리더십 형태를 극복하는 것이다. 리더십 집단은 반드시 만들어져야 하며,

집단간의 경계를 넘어 함께 일해야 한다. 이 점이 의미하는 바를 기술하기 위해서는 로렌스 밀러가 발전시키고 있는 최종적인 리더십 유형인 '시너지스트' the Synergist 를 살펴보고, 그 용어를 사용해서 고대의 리더십 역할이었던 대수도원장/대수녀원장의 역할을 회복하는 데 활용해야 한다.

시너지스트

밀러는 리더들이 조직 변화의 역학구조를 이해한다면, 그들이 따르고 있는 시스템이 그 주기 전체를 통과하여 조직이 쇠퇴하거나 사라지지 않을 것이라고 주장한다. 열쇠는 밀러가 제시하는 리더십 역할 중 어느 하나로만 규정된 리더십에 의해 독점적으로 인도되는 조직이 없다는 데 있다. 조직의 미셔널 생명력은 그가 시너지스트 the synergist 라고 부르는 리더십 유형을 중심으로 하는 데 달려 있다. 그것은 마치 대수도원장이나 대수녀원장의 역할과 같다. 이것은 특정한 공동체가 지니고 있는 미셔널 비전에 대한 공동의식을 중심으로 다양한 리더십 스타일을 통일하는 능력을 지닌 리더를 말한다. 시너지를 지닌 리더들은 목회자, 사도, 교사, 선지자, 시인 등 모든 유형의 리더들을 통합해서 공동체에 미셔널 생활을 양성하는 환경이 개발되도록 한다. 그와 같은 리더십 종단은 새로운 형태의 미셔널 생활이 창발하는 코뮤니타스가 될 수 있다.

이 일의 열쇠는 바로 시너지스트에게 있다. 그 사람은 선지자, 목사, 전도자, 시인, 사도를 통합해서 그들 각각의 기술과 통찰을 똑같이 중요하고 타당한 하나의 결사체 an order 로 만들 수 있는 능력이 있다. 각각의 리더는 그 조직의 형편에 따라 필요한 대로 권위를 갖고 그에 맞는 일을 한다. 따라서 리더십 스타일이 형편에 부응하며 공유된다. 시너지스트는 이러한 수렴이 이루어질 수 있게 해주는 사회적 통일성을 창조한다. 상황에 따라 어떤 역할들은 일차적이 되고, 다른 역할들은 부차적이 된다. 시너지스트는 차이가 나는 여러 스타일과 역할 가운데서 리더들이 감당하는 이 순서를 정하는 점에 있어서 노련하고 능숙한 사람이다. 이런 종류의 환경이 바로 창발과 쇄신의 에너지와 생명력을 만들어내는 것이다.

성찰과 적용

1. 리더십에 있어서, 양 떼가 한 명의 목자를 따르는 단일 목자의 이미지에서 회중의 미셔널 상상력을 개발하는 정원사의 이미지로 바뀌는 변화에 대해 어떻게 생각하는가? 이 변화는 어떤 형태를 취할 것 같은가? 목회자에서 대수도원장 스타일로 바뀐 리더가 해야 할 일은 무엇이라고 보는가?

2. 로렌스 밀러의 조직 생명 주기 도표를 다시 살펴보라. 이 주기에서 당신의 교회는 어디에 있다고 생각하는가? 지금 당신은 어떤 리더십 속성들을 갖고 있는가? 조직의 현재와 장래를 위해서 당신에게 필요한 속성은 무엇인가? 당신이 갖고 있지 못한 리더십 스타일과 어떻게 연결할 수 있겠는가?

3. 시너지스트의 역할을 당신 자신의 말로 묘사해 보라. 이 리더는 생명 주기의 다른 리더들과 어떻게 상호 작용을 하는가?

4. 밀러의 리더십 유형 용어들을 사용해서 코뮤니타스를 설명해 보라. 각 유형은 어디에 적합한가?

5. 당신의 지역에서 한 사람의 시너지스트가 이끄는 다양한 교회 리더들로 구성된 코뮤니타스를 어떻게 만들 수 있겠는가? 이러한 유형의 포럼이 제 기능을 하기 위해서 활용할 수 있는 기존의 속성과 자산들은 무엇인가? 당신은 어느 것을 발전시키고 강화시켜야겠는가? 극복할 필요가 있는 장애물은 있는가? 그 장애물은 무엇이며 어떻게 극복할 수 있겠는가?

제11장

제안
A Proposal

만일 북미의 교회가 자신이 처해 있는 문화를 상대로 선교 운동을 하고자 한다면, 지난 세월 동안 일어난 일을 그대로 답습하지 않고, 완전히 새롭게 이 사회에 접근해야 할 것이다. 하나님의 미래는 오로지 하나님의 백성들의 상상력으로부터 나온다. 이 상상력은 두 부족의 다양한 리더들이 모인 리더십 단체를 통해 표출되어야 한다. 이 리더십은 코뮤니타스를 개척하는 데 초점을 두며 한 명의 시너지스트가 이끌어 간다. 이와 같은 리더들의 회합이 북미 교회에는 익숙하지 않을 것이다. 따라서 이러한 회합을 이루기 위해서 요구되는 변혁은 엄청나다. 그러나 이러한 변화가 없이는 미셔널 공동체missional community로서 교회가 생명력을 지속할 수 있을지 의심스럽다. 리더십은 이런 점에 적응하기 위해서 대대적으로 움직여야 한다.

'솔라 파스토라' sola pastora, '오직 목사, 오직 목회자' 모델에서 벗어나는 운동은 다양한 재능을 가진 스태프진을 구성하는 것 이상의 일을 의미한다. 그 일은 우리가 당연한 것으로 받아들이고 있는 리더십 모델의 재고를 요구한다. '솔라 파스토라' 정체성은 교회의 상상력과 실천에 뿌리 깊게 남아 있다. 이 점을 고려해 볼 때, 미셔널 리더들의 모임을 개척하고 훈련시키기 위해서는 전통적인 신학교 프로그램을 뛰어넘어야 한다. 목회학 석사 Master of Divinity 프로그램은 미셔널 정황에 대비하도록 설계되어 있지 않다. 그 프로그램은 20세기 후반의 정보 혁명과 커뮤니케이션 혁명과의 접촉에서 나온 개념에 근거해 있다.

이머전트는 이 점을 파악하고 있다. 그래서 그들은 현재 형태의 신학교 훈련을 거부한다. 물론 그렇게 함으로써 체계적인 교육을 받을 기회를 잃게 된다. 바로 이런 이유 때문에 리더들의 코뮤니타스 결성이 시급하다. 그러나 그러한 모임들은 결코 리더가 없이 자발적으로 존재할 수 없다. 그러한 모임에는 영적인 감독자가 되는 큰 스승의 지혜와 사랑과 안내가 필요하다. 교단의 행정가, 교회의 리더, 가정 교회 그룹, 이머전트 교회, 그리고 교변 단체들이 반드시 함께 모이고 연합하여 우리가 교회를 어떻게 다스리고 이끌어나갈 것인지 재고하는 일에 집중해야 한다.

과도기를 위한 리더십 유형

그러한 모임을 육성하는 열쇠는 대수도원장이나 대수녀원장의 역할을 이어받은 대 스승의 감독에 기꺼이 따르려는 태도에 있다. 대 스승은 그 공동체에 속한 리더들의 에너지와 다양성 및 기술을 하나로 끌어 모으는 능력을 갖춘 사람이다. 그와 같은 통합적 시너지스트는 영적이며 사회적인 환경을 개발한다. 그 환경은 그 모임에 속한 리더들이 하나의 결사체를 이루어 일할 수 있는 힘을 제공한다. 그리고 팀은 팀원이 가지고 있는 서로 다른 여러 기술과 역량을 충분히 활용하는 혜택을 입는다. 이러한 종류의 리더십을 켈트 수도회와 초기 수도회 같은 이전의 전통들 가운데서 볼 수 있다.

대 스승의 감독 아래 있는 리더십 코뮤니타스를 포스트모던의 서구 사회 가운데서 새롭게 도입하기는 매우 힘들다. 계약을 통해서 인간관계를 맺는 자율적인 자아 개념이 우리의 생활에 깊이 깔려 있기 때문이다. 동시에 자기표현이 강한 개인주의는 헌신이나 책임을 자기를 학대할 수도 있는 불건전한 통제로 이해한다. 이와 같은 개인주의와 사회 계약적 관계가 가장 깊이 자리 잡은 곳이 바로 미국이다. 북미 사회가 근본적으로 몰두하고 있는 내용은 자아 성취와 자기 계발 및 개인 성장과 필요이지, 공동체적인 순종이나 책임이 아니다. 교회 시스템들 역시 이러한 문화적 가치들을 중심으로 형성되어 있다. 그리고 의식적으로 구도자들의 필요에 부응하는 마케팅 전략들을 개발하고 있다. 하나님의 계획과 목적을 분별해 내기 위한 거룩한 상상력에 집중하지 않는 것이다.

우리는 현대 북미 문화의 이와 같은 자기중심적인 상상력과 단절하고, 헌신의 윤리, 제자도와 겸손한 견습 제도를 지닌 이전의 기독교 전통으로 돌아가야 한다. 그 책임을 고취시키기 위해서는 대 스승의 지도를 받는 옛날의 종단을 모델로 형성된 공동체에 기꺼이 순복하는 코뮤니타스가 있어야 한다.

『성찰적 근대화』한울, 1998에서 사회학자 스콧 래쉬Scott Lash는 북미에서 이루어지고 있는 견습 과정과 다른 나라들에서 이루어지고 있는 견습 과정의 차이점을 기술하고 있다. 그는 현대 사회에서 일어나고 있는 환경의 변화에 대해 논한다. 현대 사회의 정보와 커뮤니케이션의 혁명이 노동의 성격과 형태를 바꾸어 놓았다는 것이다. 래쉬는 21세기의 지구촌화된 환경에서 사람들의 번영을 가장 잘 도울 수 있는 육성 시스템이 무엇인지 분석한다. 놀랍게도 그 육성 시스템은 북미의 시장 주도의 개인주의가 아니라 독일과 오스트리아와 같은 곳에서 이루어지고 있는 훨씬 더 전통적인 견습 훈련 과정 가운데서 찾을 수 있다.

래쉬와 공동 저자인 울리히 벡은 독일과 미국에서 사람들을 훈련시키는 방법론들을 분석한다. 독일에서는 아주 최근까지도 장인에게, 혹은 지역 실무 학교에서 직접적인 전수를 받는 것이 표준이었다. 이와는 대조적으로 미국의 훈련 방법은 시장주도적이며 지극히 개인주의적이고 학교 중심적 성향을 띤다. 자신이 속해 있는 지역 공동체나 실제 상황에 자신이 배운 것을 적용할 수 있는 기회가 단절되어 있는 것이다. 독일에서는 현장 교육에 중점을 둔다. 현장에서 바로 학습하고 전수한다. 미국에서는 이러한 종류의 가르침이 매우 드물다. 울리히 벡은 독일의 훈련과 육성 시스템을 이렇게 기술한다.

견습 훈련은 아직도 중세 길드와 유사한 장인 모델에 기초해 있다. 이 모델에서는 일꾼들이 견습 기간 동안 단계를 거쳐 장인으로 올라간다. 교역 공동체나 전문가 공동체의 '베루프' Beruf 소명, 직에는 충성과 공동체가 자리 잡고 있다. 여기에서 중요한 것은 성찰적 근대화의 과정이 아니라 "성찰적인 전통화"reflexive traditionlization 과정이다. 이것이 바로 로브트 벨라가 말하는, 우리가 앵글로 아메리칸 생산 시스템에서 목도하고 있는 자기에 대한 헌신과 책임 윤리가 아닌 '공동체'에 대한 헌신과 책임 윤리의 전통화이다. 이러한 성찰적 전통화는 개인주의화에 해당하는 것이 아니라 한 묶음의 '실질적 상품들'substantive goods에 의해 동기 유발되고 그 실질 상품들을 지향하는 성찰적 공동체들reflexive communities에 관한 것이다. 그러한 실질 상품들은 알리스테어 매킨타이어Alistair MacIntyre 식으로 말하자면, '내면 상품들' internal goods, 즉 실천 사항들 그 자체와는 아무런 상관이 없는 금전적 보상이나 권력, 위신과 같은 상품들이 아니라 그 실천 사항들 자체와 직접적으로 관련되어 있는 장인으로서의 기술이나 공동체라는 선물과 같은 상품들이다. 이러한 실질 상품들은 또한 찰스 테일러Charles Taylor 식으로 말하자면, '절차적 상품들' procedural goods과는 대조되는 것이다. '권한과 의지의 구획화에 근거하는' 절차적 윤리와는 대조적으로, 실질 윤리는 그 공동체의 해당 공동체 특유의 관습적인 윤리에 해당하는 '지틀리히카이트' Sittlichkeit 기율, 기풍, 윤리, 도덕, 당위적 도리, 인륜-역주 에 뿌리내릴 것이다.38)

여기에서 울리히 벡이 기술하고 있는 식의 육성formation 없이는 하나님 나라를 향한 미셔널 공동체의 출현을 기대하기 어려울 것이다. 북미 교회가 20세기 미국을 지배했던 훈련 양식을 통해서는 불안과 경계성을 타개해 나갈 수 없다. 그들은 추상주의자abstractionist로 남고 대개 각 지역에서 실제로 직면하는 경계성과 과도기의 현실들을 해결하는 데 실패한다.

우리 장인들은 그럴 듯한 학위를 갖고 있으나 독일의 장인들이 가지고 있는 실용적 형태의 경험과 지식과는 아무런 상관이 없다.[39]

대안의 육성 없이는, 이머전트의 실험은 점점 줄어들 것이다. 그들의 생활 양식을 장기적으로 지탱해 줄 수 있는 것이 전혀 없기 때문이다. 동시에 이러한 종류의 육성이 없다면, 리미널은 계속해서 '솔라 파스토라'의 정황과 리더십에 대한 전문화되고 추상화된 견해의 불안 가운데서 씨름하게 될 것이다. 이 두 부족은 함께할 때에 신선한 하나님의 백성의 길을 찾을 수 있다. 그러나 이 일에는 계획적인 육성과 책임감이 필요하다. 교회의 역사를 보면 대안적인 서사를 제공하는 모임에서 여러 운동이 시작되었다. 지금 그 일이 다시 요구되고 있다.

이러한 대항적 상상력을 가능하게 해주는 공간-새로운 경계 지대적 상황의 공터-이 있다. 내 저서 *The Missionary Congregation, Leadership, & Liminality* 선교적 교회, 리더십, 그리고 경계성에서 나는 경계성을 위한 리더십 유형론을 소개했다.[40] 시인, 선지자, 사도, 목사로서의 리더라는 네 리더십의 이미지와 유형이 그것이다.[41] 이 유형론은 여러 명으로 이루어지는 미셔널 리더십 팀의 필요성을 설파한다. 이 유형론은 모든 시대와 장소에 적용되는 규범적이며 전반적인 리더십 유형 한 가지를 주장하는 것이 아니라, 하나님이 교회에 제공하신 복수의 리더십을 인식하고 인정하는 유익한 길로 제시한 것이다. 이 목록에 다른 유형들이 보태어질 수도 있다. 이 유형들은 그 점을 예시하기 위해 사용된 것이다. 이 유형론은 내가 제안하고 있는 틀로, 아래와 같이 정리할 수 있다.

시인으로서의 리더

한 집단이 안정적인 상태에서 불연속적 상태로 바뀔 때는 그 집단에 중압감과 불안이 크게 증가하고, 두 가지 반응이 동시에 발생한다. 첫째는 그 집단에 의미를 제공해 주던 기성의 안정적인 전통과 틀에서 단절되었다는 느낌이다. 둘째로, 대부분의 사람들은 자기에게 무슨 일이 일어나고 있는지를 이해하지도 못하고 뚜렷하게 표현하지도 못한다. 이러한 상황에서 사람들은 그들 눈앞에서 벌어지는 표면적인 사건에만 반응한다. 이를테면, 교회 운영위원회는 십대 청소년들의 귀고리나 목걸이 등의 장신구에 대해 나무란다든지, 어떤 그룹에서는 특정 스타일의 음악이나 예배 형식의 도입에 반발한다. 자기들이 왜 그런 식으로 반대하는지는 자기들도 잘 모른다. 그저 반대할 뿐이다.

사람들이 전진하려면, 그에 앞서서 그들의 내면에서 요동치고 있는 것들을 이해할 필요가 있다. 이런 상황에서 필요한 리더십은 사람들의 삶을 결정해 주고 있는 것처럼 보이는 사건들에 의미를 부여하는 환경을 개발하는 것이다. 그 일이 바로 시인이 하는 일이다.

요한복음의 서언은 다음과 같은 운율로 시작한다. "태초에 말씀이 계시니라 말씀이 육신이 되어 우리 가운데 거하시매."42) 이 서언은 형언할 수 없는 예수님의 정체성이 어떻게 인간의 모습으로 발현되었는지를 드러내고 있다. 요한 서신서 가운데서도 똑같은 형식의 언어가 다시 사용된다. "태초부터 있는 생명의 말씀에 관하여는 우리가 들은 바요 눈으로 본 바요 자세히 보고 우리 손으로 만진 바라 이 생명이 나타내신 바 된지라 이 영원한 생명을 우리가 보았고 증거하여 너희에게 전하노니 이는 아버지와 함께 계시다가 우리에게 나타내신 바 된 이시니라."[43] 하나님의 정체성과 본성은 이제 더 이상 감추어지거나 미지의 상태에 있지 않다. 예수님 안에서 하나님이 베일을 벗으신다. 이와 호응하는 방식으로, 시인들은 감추어져 있는 것을 끄집어내 육화시킨다. 시인들은 베일을 벗겨내 사람들에게 자기들의 경험을 묘사할 수 있는 언어를 제공한다.

시인들은 사람들이 사용하고 있는 말의 이면에 깔려 있는 이야기, 상징, 기호, 언어에 귀를 기울인다. 전통적인 문화 가운데서 시인은 긴 침묵을 지키면서 사람들의 이야기를 경청한다. 그리고 자기가 들은 것으로 그 사람들이 표현하지 못하는 느낌과 감정을 표현하는 목소리를 제공한다. 시인이 해야 할 일은 비판이나 정죄가 아니라 사람들의 목소리와 영혼을 겉으로 끄집어내 그들이 현재 느끼고 있는 것에 목소리를 낼 수 있도록 하는 일이다.

물론 시인이 그렇게 하기 위해서는, 사람들의 전통과 서사 속으로 깊이 들어가야 한다. 시인은 전통 가운데서 성찰의 삶을 살아가는 사람이다. 바로 이 점이 시인을 강력한 존재로, 또한 필수 불가결한 존재로 만들어 준다. 시인의 역할은 사람들이 현재 겪고 있는 혼란에 의미와 언어를 제공함으로써 전통을 말로 표출할 수 있게 해준다. 고대의 시인들은 음악, 이야기, 글쓰기, 그림, 이미지를 통해서 이 일을 하고자 했다. 그들의 핵심 역량은 자기들을 에워싸고 있는 주도적인 문화의 이야기를 경험하고, 그 문화가 공동체에 들어가 형성하고 판을 짜고 상호작용하는 방식을 이해하고, 그들의 재능을 통해서 이러한 흐름 가운데 일어나고 있는 일이 무엇인지를 펼쳐내 보여 주는 능력이었다.

시인은 표면 아래에서 발생하고 있는 리듬과 의미를 경청한다. 따라서 시인은 모든 사람이 사들이고 있는 트렌드나 통계, 혹은 최신 프로그램 따위에는 거의 집중하지 않는다. 시인은 표층적 세계의 매력이나 유행에는 사로잡히지 않을 것이다. 존 오도나휴John O'Donohue는 그 점을 이렇게 설명한다.

> 포스트모던 문화에는 소속에 대한 깊은 열망이 존재한다. 사회는 공동체를 양성하는 기술을 상실해 가고 있다. 지금은 소비주의가 삶을 개인주의의 고독한 고립으로 몰아가고 있다. 위대한 종교적 전통을 수호하던 많은 사람들이 이제는 겁먹은 공직자들처럼 보인다. 아마도 좀더 획일화된 문화에서였다면, 그들의 관리 기술은 효율적이고 성공적이었을 것이다. 다원주의적이며 심히 파편화된 문화 가운데서는 그들의 모습이 우리가 원하는 복잡한 소원과 갈망을 스스럼없이 대하지 못하는 것처럼 보인다. 이런 관점에서 볼 때, 바깥에 놓여 있는 문화적 대피소들은 폐허가 되어 있지만, 소속감에 대한 허기를 확인하는 것은 점차적으로 공동체와 우정의 새롭고 예기치 못한 가능성에 눈뜰 수 있도록 우리를 도와줄 것이다.[44]

시인의 리더십은 동시에 여러 방향으로 표출된다. 첫째, 그 초점은 사람에게 있다. 사람들의 삶을 형성하는 의문과 쟁점, 혼돈에 초점을 맞춘다. 그 다음으로 시인은 리듬을 경청한다. 우리의 정체성을 형성하면서 다양하게 엮인 이야기와 사건, 상징, 가치들을 경청하는 것이다. 우리 대다수는 이러한 리듬을 의식하지 않는다. 그 이유는 그 리듬들이 우리가 간과하는 배경에 있는 소리와 이미지들이기 때문이다. 그 리듬들은 우리를 형성하는 기억들이다. 그리고 종종 우리가 망각해 버린 기억들이며, 혹은 의미 없다고 생각하는 기억들이다. 이런 일이 발생하면, 우리 삶에 안정감을 제공하고 방향 감각을 실어 주어야 하는 바로 그 기억들이 상실된다. 그리하여 혼란의 때가 되면, 우리가 이해하고 있다고 생각하는 서사들이 더 이상 견지되지도, 생명을 주지도 않는 것 같아서 상실감과 혼란에 빠진다. 그 서사들은 우리를 산산조각 내어 서로 부딪치고 불협화음을 일으키도록 만드는 것같이 보인다. 그 결과 중압감과 혼란이 증대된다. 사람들은 자신들의 세계를 이해하는 데 심한 어려움을 느낀다. 이것이 경계적 상황의 고통과 분노와 혼란이다.

그렇기 때문에 우리는 다시 이러한 서사로 되돌아가서 새로운 통찰을 얻어야 한다. 시인들은 이러한 서사의 틀을 재구성하여 우리에게 바로 새로운 통찰을 제공해 줄 수 있는 사람들이다. 시인들은 해결책이나 대답을 갖고 있는 전략가들이 아니다. 시인들은 전통과 그 기억으로부터 언어를 가져와서 사람들이 자각할 수 있도록 도와주며, 그들의 현재 상황과 경험에 대해서 대화를 시작할 수 있도록 해주는 사람들이다.

또한 시인들은 문화의 저변에서 흘러가고 있는 다양한 이야기 속에 자신을 깊이 담그는 사람들이다. 시인들은 이 다양한 이야기의 힘을 몸소 느끼며 공동체의 기억과 전통을 기반으로 그 이야기들의 요구 사항과 허세를 비평한다. 시인은 기독교 이야기의 기억과 전통에 깊이 뿌리박고서 특정 기독교 공동체가 더 넓은 문화의 가치와 이데올로기에 통합된 방식들을 꿰뚫어 보는 은사를 지니고 있다.

기독교 공동체들이 경험하고 있는 경계적 상황 중 하나는, 그들이 처해 있는 포스트모던 문화 가운데서 휘몰아치는 온갖 이데올로기들에 치여 기독교 이야기에 대한 감각을 상실해 버렸다는 것이다. 그들은 기독교적 서사와 의미를 간직한 이야기를 분별할 수 있는 기억이나 틀을 갖고 있지 않다.

시인들은 대다수의 사람들이 바라보는 것과는 다르게 세상을 바라보도록 스스로를 단련한다. 시인들은 조언을 해주는 사람이라기보다는 상징과 은유를 만들어내는 사람들이다. 경계적 상황에 처한 기독교 공동체에 절대적으로 필요한 한 가지는 우리를 사로잡고 있는 속박의 형태를 알아채는 것이다. 교회에 필요한 것은 교인들을 위한 멋진 인생 계획을 제시하는 더 많은 기업가적인 리더들이 아니라, 전통적 서사들을 오늘날 사람들의 삶에 적용할 수 있는 환경을 개발해 주는 상상력과 은사를 가진 시인들이다.

교회의 건강을 위한다는 아주 많은 프로그램들은 교회들이 현재 앓고 있는 병세에 기여해 왔던 것과 똑같은 공리주의적이며 기술 중심의 막다른 골목으로 이끌어갈 뿐이다. 시인들은 우리 시대의 리더들이다. 그들은 우리가 갇혀 있는 예속성을 폭로해 주는 언어와 이미지를 끄집어내어 환기시켜 주는 리더들이다. 시인들은 우리에게 우리의 상황을 이해할 수 있도록 해주는 언어적이며 상징적인 환경을 제공해 준다.

우리 사회는 깊은 혼란에 빠져 있다. 예전의 확실성과 특권, 지배력은 효력을 상실했으며, 언제 무너질지 알 수 없을 정도로 낡았다. 우리의 삶은 더 이상 폭풍우를 막아 주지 못하는 다 낡은 구식 코트와 같다. 그 코트는 개인주의와 기술, 물질주의와 자율성이라는 실로 짠 천으로 만들어졌다. 이 코트가 우리의 삶을 지배했으며 성경의 서사가 우리의 기억에서 사라지도록 만들었다. 그래서 현재 우리에게는 우리의 삶을 하나로 묶어 주고 새로운 의복을 제공해 줄 수 있는 자원들을 발견할 능력이 바닥났다. 많은 이들이 당혹하고 있다. 그들은 적대적인 것처럼 보이는 환경 가운데서 생존할 길만을 찾고 있다. 이 상황은 사람들을 어렵고 힘들게 한다. 사람들은 점점 부인과 절망 속으로 빠지고 있다. 거기에 과거를 수복하고 싶어 하는 강력한 향수를 지닌 소원이 짝을 이루고 있다. 이 때가 바로 시인의 능력이 가장 절실한 때이다. 유진 피터슨Eugene Peterson이 지적하고 있듯이, "시인들은 우리 앞에 말과 현실을 제시하여 그 말과 현실 모두를 깊이 음미할 수 있도록 우리를 이끌어 준다."45)

시인의 마음은 "우리가 어떻게 하면 전통과 그 핵심 서사들의 눈을 통해서 우리의 경험과 정황을 볼 수 있게 해주는 환경을 개발할 수 있을까?"라는 질문으로 이루어져 있다. 브루그만은 시인이 지배 이데올로기에 대항하는 암시, 그림, 상징의 창조라는 수단을 통해서 이런 일을 한다고 본다. 시인들은 하나의 세계와 틀을 상실할 때 수반되는 당혹스러움, 혼란, 절망의 와중에서 공동체가 스스로를 인식해 나갈 수 있도록 도와주는 언어를 제공한다.

동시에 시인들은 아직은 존재하지 않는 미래가 손에 잡히도록 해준다. 시인들의 성향은 종말론적이다. 이러한 환경에서 미셔널 상상력이 창발하게 된다. 시인은 행동지침이나 그 미래에 대한 상세한 그림을 제공하지 않고, 개방되어 있는 소망을 향한 은유와 이야기, 이미지, 예배 의식,

그리고 상징을 창조한다. 이런 식으로 시인은 공동체가 자신의 현재와 대화하도록 초청한다. 그리고 그 대화는 기억과 종말론에 의해서 형성된다.

시인들은 근대성에 속하는 교회에서는 거의 주목 받지 못했다. 시인들은 미적 작업을 하는 다소 이상한 이류 인생으로, 교회를 효과적인 성장의 도구로 만드는 진짜 작업에는 그다지 중요하지 않은 사람들로 취급되어 왔다. 지금까지도 교회 리더들 대다수는 바람직한 미래를 규정하고 그 미래를 현실화할 어떤 합리적 전략이나 테크닉, 계획이 있다고 굳게 확신한다. 사람들은 시인에게 실용적이며 유용한 사람이 될 것을 바란다. 그러나 시인들은 해결책을 제공해 주는 사람이 아니라 묻는 사람들이다. 그들은 대화를 촉발시키며 이전의 전제들을 허물어뜨리는 질문을 하는 사람들이다. 시인은 오직 이러한 질문과 대화를 통해서만 미셔널 삶의 형태를 발견하고, 하나님이 제시하시는 미래의 공동체가 될 수 있음을 알고 있다.

대개 시인들은 구체적인 해결책을 좇는 사람들이 아니다. 시인들의 도구는 말_{단어들}과 은유, 이야기와 상징이다. 테크닉의 시대, 즉 신속 해결과 요령을 담은 책들이 횡행하는 시대에서 이 도구들은 오용되어 왔다. 즉각적으로 사용할 수 없다면, 별 가치가 없다고 여긴다. 교회 또한 무엇인가를 이루도록 사용되어야 할 도구로 보기 때문이다. 그러나 시인은 교회가 도구가 아님을 알고 있다. 교회는 예수님 안에 있는 하나님의 구속 사역과 하나님 나라의 종말론적 장래가 하나님 백성들의 가운데 현존하는 자리이다.

시인들은 대안적 세계에 대한 상상을 계발한다. 따라서 시인의 언어들은 종종 모호하다. 시인들은 하나님이 이 말들-성경 이야기와 질문과 이미지, 은유-을 취하셔서 하나님의 때에 공동체를 새로운 방향으로 재형성하신다는 사실을 굳게 믿는다. 시인들은 하나님 백성들에게 그들이 상실한 세계를 표출해 내고, 대안적인 상상력과 장래의 가능성들에 대해서 경청하도록 그들을 초청한다.

시인의 작업은 리더십 역할의 단지 한 부분일 뿐이다. 시인은 하나님 백성이 보살핌과 보호를 받기를 바란다. 그러나 시인은 또한 사람들에게 정체성을 일깨워 주는 서사적 기억들과 하나님께서 그들을 위해서 준비하고 계시는 가능성 있는 미래에 사람들을 참여시키기 위해 깊이 헌신하고 있다.

선지자로서의 리더

시인과 나란히 선지자가 있다. 그들의 역할과 바람은 하나님의 백성들이 하나님의 말씀을 재발견하는 것이다. 선지자들은 하나님께서 펼쳐내시는 이야기에 충성하며 하나님 백성의 공동생활을 개혁하기 원한다. 시인들은 자각과 이해 가운데서 대화할 것을 초청하는 데 비해서, 선지자들은 그 지식에 바탕을 둔 실천을 촉구한다. 경계성은 선지자적 상상력을 위한 풍부한 토양이다. 경계성은 사람들이 자기 세계와 그들에게 가장 큰 결정력을 지니고 있는 이야기의 연결고리를 상실했음을 자각하는 환경을 제공해 준다. 선지자들은 이야기의 상실이 미셔널 삶을 회복하는 데 커다란 장애가 된다는 사실을 직시한다. 선지자들은 바로 이 사회적이며 신학적인 현실을 타개해 나가고자 노력한다.

선지자는 하나님의 백성들이 하나님의 이야기와 다시금 씨름하기를 열망한다. 이 서사는 현재 유행하고 있는 자기 의사와 자기 이익을 적극적으로 표출하는 표명적인 개인expressive individual에 대한 초점과는 판이하게 다르며, 훨씬 더 큰 서사이다. 이 서사는 우리 개개인이 그저 올바른 헌신을 결단하기만 하면, 하나님이 어떻게 우리의 삶을 성공적으로 만들어 주실 것인지를 이야기하는 '필요 중심적 메시지' some needs-centered message와는 근본적으로 다르다. 선지자는 그와 같은 메시지의 출처가 성경 안에 살아 있는 대안적 이야기를 인식할 능력을 상실해 버리고 핵심적인 신앙 교육을 받지 못한 그 나라의 공동체에 있음을 이해한다. 기독교 공동체를 하나님의 이야기 한가운데에 자리하도록 하는 과업은 바로 그와 같이 허물어진 공동체들을 하나님의 다스림에 대한 표적이자 증인으로 형성하고자 하는 엄청난 작업이다.

앞서 상당히 깊이 다루었던 이스라엘의 바벨론 유배는 이와 같은 선지자의 역할을 잘 보여 준다. 주전 587년에 바벨론 군대가 예루살렘으로 진격하여 성벽을 다 허물어 버리고 성전을 파괴했으며, 다윗 왕조의 흔적은 다 분쇄해 버린 것처럼 보였다. 그 일은 유다 왕국이 끝장나는 참담한 사건이었다. 바벨론으로 끌려간 포로들은 강가에 앉아 시온을 회상하면서 울었다. 그들은 이방 땅에서 여호와의 노래를 부를 수 없었다. 선지자 예레미야는 이 일이 어떻게 해서 벌어지게 되었는지 설명한다. 그들이 자기들을 위한 하나님의 이야기를 왜곡하고 성경을 떠났던 것이다. 그들 식의 이야기에 따르면 하나님은 유대와 이스라엘을—도시와 성전과 왕조와 예배를—하나도 다치지 않도록 지켜 주시고, 어떤 이유에서도 모든 대적들로부터 보호해 주실 것이었다. 그들이 하나님의 특별한 선민이기 때문이다. 그러나 그것은 진정한 하나님의 뜻이 아니라 그들이 지어낸 일종의 신화였다.

유배 생활 70년 동안 그 백성들은 신화가 말짱 헛것이었다는 고통스러운 현실에 직면했다. 그리고 자신들이 하나님의 이야기를 신실하게 살아내지 못했음을 깨달았다. 그 세월 동안 유배된 자들은 완전히 새롭게 하나님의 진짜 말씀 속으로 재진입해야 했다. 이번에는 완전히 다른 자리에서 하나님의 이야기를 읽고 들었다. 그 자리는 상실과 혼란의 자리, 끝나 버린 세계와 그들에게 실망을 안겨 준 틀에 대한 절망의 자리였다. 그런 사람들에게 하나님의 진짜 이야기와 재연결해 주는 것, 이것이 유배 기간에 선지자들이 해야 할 핵심 과업이었다.

유배 기간, 즉 경계적 상황 가운데서 선지자는 과거로 되돌아갈 수 있는 전략들을 개발하지 않고 사람들이 하나님의 서사와 다시금 씨름할 수 있는 환경을 개발해 준다. 이야기를 회복시키는 선지자의 역할은 그들이 하나님의 관점에서 상황을 이해할 수 있도록 만들겠다는 의지로 형성된다. 이러한 의미에서 시인과 마찬가지로 선지자는 전통 속에서 사는 동시에 현재의 삶을 살아가라는 부르심 가운데서 종말론적 현실을 가르쳐 준다. 선지자들은 전통이 반드시 현재에 적합해야 한다는 점을 이해한다. 시인이 사람들에게 자신들의 고통과 상실을 표출하라고 촉구하듯이, 선지자는 사람들에게 하나님이 그 순간에 그들을 어느 곳으로 어떻게 인도하고 계신지, 그 비전을 바라보라고 몰아간다. 시인은 사람들의 경험에 언어를 제공해 주지만, 선지자는 사람들을 서사로 되돌아가게 만들며, 성령이 이끌어 주실 미래에 대한 결단과 방향을 선포한다.

선지자들은 사람들을 하나님의 급진적이고도 근본적인 부르심과 초청의 의미, 행위에 연결한다. 그 부르심은 과거로부터 나오라는 부르심이며, 그 초청은 종말론적 성령에 속한 현재적 실천 가운데로의 초대이다. 우리 시대에 복음은 도덕의 문제로, 심미와 영적 체험으로 전락해 버렸다. 이 때문에 성경 속 하나님을 만나기는 어려운 일이 되었다. 교회 생활은 미셔널 공동체를 형성하는 일이 아니라 종교적인 상품과 서비스를 마케팅하기 위한 도구에 불과했다. 오직 성경과 전통 안에 있는 교회의 근본 이야기에 다시 들어가 살 때에만 교회는 하나님의 말씀을 이해하고 만날 수 있다. 선지자는 바로 그 일을 하도록 공동체를 재촉하는 상황을 만든다.

선지자들은 백성들 가운데서 성령의 종말론적 임재를 선포한다. 위기의 세계 가운데서 새로운 사회적 가능성을 창조하는 것이 바로 이 성령 안에 있는 미래의 현존이다. 선지자 이사야는 옛날 세계에 빠져 자기 연민과 상실감, 혼란 속에서 망연자실 앉아 있는 사람들에게 다음과 같이 선포한다. "보라 내가 새 일을 행하리니."[46] 그것은 상상력과 소망의 선포이다. 그런데 그 선포는 지평선 위에 그 선포를 실증해 줄 아무런 표시도 없는 때에 이루어졌다. 선지자 이사야는 다른 사람들은 거의 아무것도 보지 못하고 있는 세계를 식별하고 있는 것이다.

시인의 일차적인 관심사는 그 백성들을 위한 것이며, 그들 가운데서 새로운 통찰을 불러일으키는 영감을 제공하고자 하는 열망에 있다. 선지자의 관심사는 지금 하나님께서 그 백성들에게 말씀하고 계시는 바를 손으로 만질 수 있을 정도로 구체화하는 것이다. 선지자가 시인의 언어로 표현할 수도 있는데, 그럴 경우 그 주된 동기는 하나님의 백성을 위로하려는 것이 아니라 하나님의 말씀을 표현하기 위한 것이다. 각자 그 위치와 정당성이 있다.

선지자는 세상을 바꾸는 사람이 아니라 공동체 안에서 일어나는 세상의 환원주의에 저항하도록, 그리고 그 공동체가 공동체다워지는 방식을 제시하도록 경계적 상황의 중간 시기를 위해 존재하는 사람이다. 이스라엘이 유배 당한 상황에서 이사야 선지자는 믿을 수 없는 말을 선포했다. "네 하나님이 통치하신다."[47] 이 선포는 그들의 세계 가운데서 일어나고 있던 일을 설명하는 새로운 말씀을 표현한 것이다. 시인이 불안과 고통을 겪는 사람들과 접촉하는 역할이라면, 선지자는 하나님의 이야기를 사람들의 기억 가운데서 되살리도록 촉구하는 역할을 한다. 선지자는 그 말씀을 붙들고 신실하고 충성된 삶을 살도록 한다. 선지자의 주된 관점에는 인간적인 정체성이 아닌 하나님이 이야기의 중심에 계신 세계를 선포하고자 하는 기묘하고도 열정적인 욕구가 자리잡고 있다.

사도로서의 리더

사도들은 부르심과 사명, 위기, 방향에 대한 명확한 감각을 소유한 사람들이다. 사도들은 시인과 선지자의 음성을 경청하고 그들을 통해서 하나님의 말씀에 현실성을 제공하는 일을 한다. 유다는 유배지에 그대로 남아 있지 않았다. 경계적 상황에서 하나님의 계획에 대한 새로운 비전을 가진 리더들이 등장했다. 사도라는 기능은 하나님의 백성을 이끌어 '미시오 데이'missio dei 하나님의 선교를 하도록 인도해 나가는 것이다. 사도들은 죽어서 사라진 옛 세계와 앞에 놓여 있는 과도기의 세계 사이에 서서 사람들에게 행동을 촉구하는 사람이다. 지난 10년 동안 이루어졌던 미셔널 대화들의 큰 수확 중 하나는 모든 형태의 교회가 근본적인 성격상 '사도적'apostolic 이라는 이해의 재발견이다.48)

향후 몇 년 안에 새로운 형태의 교회가 등장한다 할지라도, 미셔널 교회는 그 중심에 사도적 정체성과 리더십을 갖게 될 것이다. 사도는 우리가 통과하고 있는 위기를 철저히 이해하고, 하나님 백성들의 공동체가 '미시오 데이'를 이루기 위해 반드시 취해야 할 행동들을 파악하는 리더이다. 이 리더는 꿈을 행동으로 바꿀 수 있는 사람이다. 건물이 설계도면에 따라 건축되듯이, 사도는 개략적인 이미지와 꿈을 구체적인 현실로 바꾸기를 열망한다.

여기에서 사도라는 말의 의미는 어떤 형태의 전략적 계획을 가지고서 그 방향으로 사람들을 이끌어가는 강력한 기업가형 리더라는 근대적 이미지가 아니다. 사도는 자신이 계시받은 하나님의 미래에 대한 계획을 가지고서 무기력한 사람들을 구하기 위해 임하는 초超 영웅적인 인물이 아니다. 이것이 바로 적임자, 올바른 계획, 올바른 실천이 있으면 우리가 세계를 통제하고 우리가 원하는 미래를 세울 수 있다는 내적인 확신을 가지고 작동하는 근대성이다. 우리가 말하는 사도는 이런 사람이 아니다! 사람들이 모든 대답과 모든 계획을 갖고 있는 특별한 사람을 찾는 데 전전긍긍하기 때문에 이러한 근대성의 신화에 너무나도 쉽게 빠져든다.

아직까지도 이것이 우리 문화 가운데서 강력한 힘을 발휘하고 있으며 치명적인 전염성을 가지고 있다. 그러나 진정한 사도는 다음과 같은 핵심 요소들을 이해하는 사람이다.

- 하나님의 성령이 하나님의 백성들_{지역에서 교회에 모이는 평범한 사람들} 가운데 계신다.
- 그러므로 하나님의 미래는 하나님의 백성에게 있지, 몇몇 개인 리더의 계획에 있지 않다.
- 리더십의 역할은 하나님의 백성들을 이런 미셔널 상상력을 발휘하여 하나님의 계획을 발견하고 그 계획을 자신들의 지역 상황 가운데서 실천할 수 있는 환경을 창출하는 것이다.

사도는 사람들이나 공동체에 찾아가서 이런 말을 하지 않는다. "우리가 공동체로서 무슨 일을 해야 할지 하나님이 제게 보여 주신 것이 여기 있습니다. 그리고 여기에 그 일을 실행할 계획이 있습니다!" 그와는 반대로 사도는 이렇게 말한다. "우리는 하나님 나라의 표적이며, 증거이자, 예시로 부름 받았다는 사실을 알고 있습니다. 또한 알다시피 우리는 지역사회 안에서 미시오 데이_{missio dei}의 증표가 되라고 부름 받았습니다. 그래서 하나님께서 우리에게 말씀하시고 형성하시고 감동 주시는 것을 우리가 행할 수 있는 방법이 바로 이것입니다!"

'미시오 데이'를 실천하는 사람들로 하나님의 공동체를 바꾸어 나가고자 하는 사도의 열정과 초지일관된 관점은 사람들에게 위협일 수도 있다. 교회 시스템은 이런 리더들을 몰아내려는 경향이 있다. 이런 리더들을 통제할 능력이 없으며 이런 리더들이 두렵기 때문이다. 사도들은 선지자들 이상으로 조직 문화에 위협적이다. 이런 리더들은 행동하도록 촉구하며 그런 행동이 어떻게 하면 일어날 수 있는가를 제시하기 때문이다. 또한 사도적인 은사는 목회자 중심의 리더십 패러다임 가운데서는 거의 인정받지 못한다. 그러므로 사도적 은사를 가진 사람들이 목회자 유형이 지배하는 시스템에서 자신들의 영향력을 발휘한다는 것은 아주 어려운 일이다.

사도들은 때때로 현재 유행하고 있는 구조와 틀 속에서는 복음을 문화에 적절하게 연결할 수 없음을 직관적으로 인식한다. 그러나 그런 인식이 제도나 제도 운영자들에게는 부정적 비판으로 들리기 쉽다. 따라서 그런 사람들은 온갖 종류의 교회 시스템 안에 속해 있는 사람들에게 위협적으로 인식되어 조직의 변방으로 밀려나게 된다. 바로 이런 순간에 우리는 그들의 사도적인 은사를 완전히 재발견하여, 인정해 주고 정당성을 부여할 필요가 있다.

선지자의 터 위에서 사도는 사람들이 '미시오 데이'의 상황 속에서 그들의 공동체에 참여하도록 힘을 실어 주는 환경을 형성한다. 사도들은 이 시간과 이 자리에서 하나님의 서사를 삶으로 실천하는 실용적인 길을 구상하고 실행에 옮길 수 있는 사람이다. 사도는 리더십이 문화와의 싸움이라는 외적 여정에 실제적인 초점을 맞출 수 있도록 해준다. 이 흔들리지 않는 열정은 혼란을 가중시킬 수도 있지만, 또한 하나님의 백성들이 '미시오 데이'를 실행에 옮기는 환경을 창출해 주기도 한다.

그러나 사도는 단순히 외향적이거나 행동 지향적인 사람이 아니다. 이 사도형 리더는 신학적으로나 교회적으로 복음의 렌즈를 통해서 한 공동체의 삶을 여과해 사람들이 미셔널 삶을 살아가도록 해방시켜 주는 환경을 개발할 수 있다. 사도형 리더들은 실천에 열정적으로 투신한다. 사람들은 그들의 확신과 에너지 때문에 그러한 리더들에게 이끌린다. 사도들은 사람들에게 하나님이 예비하신 미래에 대한 흔들림 없는 믿음을 구현한다. 그들과 사도들의 차이점은 그 공동체가 성령께서 감동시키시는 비전과 방향을 실천할 수 있는 방법들을 모색하는 능력에 있다. 사도는 자신의 에너지와 열정을 계속해서 하나님의 백성들이 '미시오 데이'를 표현하도록 움직이게 만드는 데 쓴다. 이런 의미에서 사도는 목회자적 은사를 드러내지 못하는 경향도 있다. 목양을 하면서 돌보겠다는 마음은 있지만, '미시오 데이'를 향한 추진력이 일차적으로 중요하다.

바울이 바로 사도에 대한 명백한 예다. 신생 교회들을 향해서 쓴 그의 편지들은 대단한 온유함을 보여 준다. 목회자의 심정이 거기에 있다. 그러나 일차적인 것은 자기 앞에 놓여 있는 미셔널 과업에 대한 집중적인 추진과 일관된 관심이다. 요한 마가가 선교단에서 효과적으로 동참하고 있느냐 하는 여부를 놓고서 바나바와 바울이 충돌한 사건은 이러한 초점을 잘 보여 주는 실례이다. 바나바는 그 젊은이의 가능성을 염두에 두고서 마가라는 사람에게 초점을 맞추었지만, 바울은 당장의 과업에 따르는 즉각적인 필요에 따라 움직였다. 그는 지시를 받아서 임무를 곧장 수행할 수 있는 능력 있는 사람을 원했다. 이것이 바로 조직을 내면에 집중하는 관료적 질서에서 중대한 선교의 전초 기지로 변화시키는 사도적 리더의 모습이다.

　어떤 조직이 내부적인 일에만 사로 잡혀 있거나 경계적 상황의 위기와 혼돈에 직면했다면, 사도형 리더가 반드시 필요하다. 20세기에 들어서 교회는 관리와 관료적인 보살핌을 제공하는 리더십으로 이동해 갔다. 그 강조점은 시스템을 관리하고 멤버들을 보살피는 데 있었다. 이 시스템에 있는 사람들 중에서 현재 사도적 리더십에 대한 기억이나 능력을 갖고 있는 사람은 거의 없다. 그러한 리더들은 이러한 시스템 밖으로 쫓겨나는 경향이 있다. 그리하여 이머전트에 가담하게 되었다. 이런 리더들은 다른 리더십 유형의 적절한 은사와 개선적인 능력 없이 독자적으로 움직여 왔다.

　동시에 교단 시스템 안에 있는 리미널은 사도들의 은사와 에너지 없이 존재하고 있다. 선지자적-사도적 리더십은 기존의 교단과 교회가 겪고 있는 이 과도기에서 아주 필수적인데, 이들은 그들의 은사들을 표출할 수 있는 장을 제공해 주는 대안적 운동으로 계속해서 빠져나가고 있다. 그러므로 교단과 교회를 유지하고 심화하는 데 필수적인 선지자-사도의 역량과 은사와 기억이 존재하지 않는 비극이 벌어진다.

　지금도 여전히 미셔널 정체성의 재창출을 위해 필수적인 사도적 리더들이 상당히 많이 있다. 현재 리미널 교회의 리더들 중에는 사도적 리더들이 거의 없는 것 같다. 그러나 희망적인 신호가 있다. 영국에서 성공회와 침례교파가 서로 연합해서 선교 결사 The Order of Mission라고 부르는 멋진 협력의 실험에 착수했다. 그 단체는 더 젊은 세대의 리더들을 키우고 준비시키는 일을 감당하고 있다. 이 흥분되는 발전은 지역사회에서의 미셔널 실천들에 기초하여 공동의 리더십과 육성에 초점을 맞추고 있다. 하나님의 성령이, 리더십을 형성해 나가는 대단히 혁신적이며 발생적인 과정을 통해서 대안적인 형태의 미셔널 삶을 개발하고 있다.

목회자/교사로서의 리더

이처럼 가장 잘 알려져 있는 리더십 유형이 맨 마지막에 놓여 있다는 것이 이상하게 느껴질 수도 있을 것이다. 이 유형은 거의 2000년 동안 교회 리더십에서 가장 일차적이며 거의 유일한 형태였다. 종교개혁은 이 유형의 리더십을 해소하거나 바꾸지 못했다. 그러나 그 기능들 가운데 몇 가지를 제사장 사제에서 교사 보살핌을 주는 자로 전환시켰다. 계몽주의 이래로 목회자의 역할은 서구 기독교의 상상력과 실천에 훨씬 더 깊이 뿌리박게 되었다. 프리드리히 슐라이어마허 Friedrich Schleiermacher는 기독교의 '교양 있는 경멸자들'을 향해, 목회자의 역할을 교육 받은 전문인이라는 말로 재규정했다.[49] 이런 저런 종류의 전문화는 그 이래로 지속적인 반응을 유지했다. 치유자, CEO, 영적 지휘자, 종교적 상품과 서비스를 구도자나 교인들에게 제공하는 자 등의 다양한 형태로 이머전트에게 비판을 받았다.

그러나 영국과 북미 몇 군데에서 이루어지고 있는 이머전트의 실험들을 제외하고는 아직도 여전히 '솔라 파스토라'오직 목사/목회자 이외의 다른 리더십을 상상하지 못하고 있는 현실이다. 이 목회자 유형의 리더십에 근거해서 하나님 나라를 추구하는 공동체를 개발한다는 것은 불가능하다. 앞에 놓여 있는 지속적인 변화에 응전하는 이런 공동체들은 교회와 교단 및 교육에서의 리더십 패러다임을 변화시킬 필요가 있다. 목회자 유형의 리더십은 문화적으로 오랫동안 안정된 기간 가운데 있는 경우에만 일차적인 역할을 할 수 있다. 지금 우리는 그러한 시기에서 아주 멀어져 있다. 이 사실은 목회자의 역할이 중요하지 않다는 뜻이 아니다. 목회자는 여전히 필수적이다. 그러나 목회자는 다른 리더십 유형과 관계를 맺고 공존해야 한다. 바람직한 리더십의 유일한 형태가 되어서는 안 된다.

리더들의 코뮤니타스 개발

정리하자면, 리더들의 코뮤니타스를 형성하는 몇 가지 원리는 다음과 같다.

1) 두 부족에서 다양한 유형의 리더들이 나와 새로운 종류의 공터에서 만날 필요가 있다.

2) 코뮤니타스의 주 목적과 상상력은 교회와 교단의 경계선을 넘어서는 지역의 미셔널 공동체 형성에 있다. 이 때문에 코뮤니타스를 리더들의 사도적 네트워크라고 칭하는 것이 적절하다. 이 말은 모두에게 사도적 은사가 필요하다는 뜻이 아니라, 증인과 미션을 행한 사도의 정신이 그 네트워크의 활동과 비전을 통제한다는 뜻이다.

3) 그러한 코뮤니타스가 두 부족의 출신으로 이루어지기 때문에 리더들은 자기 교회 문화의 정책과 구조와 조직 형태 중 일부 직책에 따른 리더십, 교단에서의 요구사항들 등를 가져오게 될 것이다. 이러한 점을 부인할 수는 없지만 코

뮤니타스를 형성하는 과업보다는 부차적이 되어야 한다.

4) 다양한 은사와 유형은 리더십 코뮤니타스의 필수요소이다. 그러므로 그와 같은 것들이 팀을 하나로 묶어 주는 일부분으로 작용하도록 허용할 필요가 있다.

5) 개신교의 특징인 단독적인 독립 교회와 더불어서, 지역 일대의 리더들이 여러 교회와 가정교회, 여타 형태의 미셔널 증거에 공동으로 목회하고 섬기는 사도적 네트워크를 형성하는 실험을 할 필요가 있다.

6) 앞에 든 네 가지 리더십 은사들은 또한 전도자와 교사와 같은 다른 은사들과 더불어서 하나의 코뮤니타스 안에서 상호작용하여 '미시오 데이'를 이해하고 적응하고 맞추어 나가는 도전을 소화하고자 할 것이다. 특정한 때에는 어떤 유형의 리더십이 일차적인 방향을 제공하겠지만, 언제나 영적인 대 스승이 전반적인 지휘를 맡는다.

7) 이 리더십 코뮤니타스는 구조와 시스템의 혼합적인 경계를 기꺼이 용인할 것이다. 예를 들어서, 어떤 지역에서 교회와 가정교회들, 여타 모임이 그와 같은 지역 리더십 코뮤니타스를 중심으로 형성될 수 있다. 그와 같은 혼합 시스템은 실험과 공동 학습이 필수적일 때 적합하다.

8) 그와 같은 혼합 실험을 발전시킬 수 있는 가능성이 바로 이머전트와 리미널 사이에 존재한다. 각 집단에 속해 있는 교회 그룹들이 경계선을 넘어 제도적 교회나 포스트모던적 실험들에 대한 반발심을 버린다면 모두가 참여하는 실험이 가능해질 것이다.

9) 코뮤니타스 안에서의 리더십은 직책이나 위계질서에서 나오는 것이 아니다. 물론 그러한 형태가 미래에는 다시 되돌아오게 될 것이다. 적절한 위계질서 자체에 잘못이 있는

제11장 제안

것은 절대 아니다.

10) 리더십 코뮤니타스는 제 역할을 감당하기 위해 다양한 은사 사이에 시너지를 불러일으키는 상호관계를 요구한다. 그러기 위해서는 그러한 네트워크의 활동을 안내해 줄 능력과 지혜를 지닌 리더가 필요하다. 따라서 영적 대 스승 유형에 대해 소개하지 않을 수 없다.

성찰과 적용

1. 시너지스트 혹은 대 스승을 어떻게 설명할 수 있겠는가? 그러한 사람이 감당해야 할 일은 어떤 것인가? 그러한 리더는 어떤 인성과 리더십 특성을 필요로 하겠는가?

2. 당신은 울리히 벡, 기든스, 래쉬가 설명하는 견습 훈련 모델을 어떻게 생각하는가? 우리 교회가 따를 만한 좋은 모델인가? 아니면 부족한 점이 있는가? 그러한 틀에 맞추기 위해서는 우리가 가지고 있는 표명적인 개인주의 의식이 어떻게 바뀌어야 하겠는가?

3. 이 견습 훈련 모델은 어떻게 공동체를 세워 주는가? 이 모델의 최상의 요소들을 우리가 어떻게 포착하여 우리 지역 교회와 지역에 활용할 수 있겠는가? 그 최상의 요소들은 무엇인가?

4. 시인, 선지자, 사도, 목회자/교사 유형의 리더십 은사들에 대해 토론하라. 이 리더십 유형들은 지난 장에서 논의했던 선지자, 야인, 건축가, 행정가, 관료 및 귀족 유형의 리더십과 어떤 상호작용을 한다고 보는가? 중복되는 점은 없는가? 어느 면에서 다른가? 서로 다른 모든 유형들이 살아서 성장하는 교회 조직에 필수적인가?

5. 여기에서 제안된 시스템은 지난 몇 백 년 동안 대부분의 교회가 따랐던 '솔라 파스토라' 모델과는 어떻게 다르다고 보는가? 당신의 교회가 여기에서 제안한 모델에 근접하기 위해서는 어떤 변화를 취해야겠는가? 그러한 변화는 어떻게 강력한 반발을 불러올 수 있는가? 당신이 참여하는 리더들의 코뮤니타스는 당신의 교회에서 어떤 모습을 띠겠는가?

제12장
대 스승의 역할
The Role of the Abbot/Abbess

대수도원장/수녀원장의 역할은 교회의 미셔널 삶의 전통으로 거슬러 올라간다. 그 용어 자체는 일차적으로 남성이라는 함의를 지니고 있다. 대수도원장Abbot이라는 말은 "아빠, 아버지"라는 아람어에서 나왔다. 그렇지만 켈트 수도원 운동에서나 위드비 회의the Council of Whidbey에 이르기까지 여성들도 대수녀원장으로서 똑같은 역할을 감당했다. 대수도원장, 수녀원장의 역할, 즉 대 스승의 역할에 미셔널 리더들과 공동체의 개발을 위한 자원이 있다.

역사적으로 대수도원장/수녀원장은 어떤 삶의 방식을 중심으로 형성된 결사체orders에 속한 수도승과 수녀들의 공동체를 감독했다. 대수도원장/수녀원장은 대안적인 대가족으로서 그리스도 안에서 새로운 가족을 형성했으며, 그 가족사회의 특징적인 생활 양식은 권력이나 통제에 있는 것이 아니라 자기를 내어 주는 사랑에 있었다. 그들의 삶을 형성했던 것은 예수님과 '미시오 데이'missio dei에 뿌리를 두고 있는 이상이었다. 켈트 수도회의 맥락에서 그러한 공동체들은 은둔 공동체가 아니라 '미시오 데이' 가운데서 바깥으로 확장되는 가족들이었다.

앞 장들에서 논의했던 리더십 코뮤니타스의 핵심적인 열쇠는 그와 같은 대 스승의 역할이다. 그것은 새로운 역할이 아니다. 베네딕트 수도회의 규칙은 수도원장/수녀원장의 역할을 이렇게 설명한다. "다른 성격을 지닌 많은 사람들의 영적 발전을 보살펴 주고 지도하는 것."50) 우리가 부각시키고자 하는 수도원장/수녀원장의 일차적인 역할은 다음과 같다.

- **새로운 가족의 이상을 중심으로 사랑의 공동체를 형성하여 예수 안에 속한 여러 종류의 사람들을 하나로 모음.** 이 종류의 공동체는 많은 공동체 가운데서 지배적인 가족 언어의 용례와는 대조적인 삶을 살아간다. 많은 공동체에서는 가족이라는 언어가 협소하게 정의되었다. 그 개념은 차이점과 낯선 자들을 배제하고 자기들끼리 모이는 동질적인 계층으로 구성된 그룹을 보호하는 기능을 하지만, 세상 가운데서 증거하는 가족으로서의 사랑이라는 공동체 개념은 하나님의 미래가 그들 가운데서 떠오르게 될 성령 충만한 사회가 된다는 기독교적 정체성의 핵심이다.
- **공동생활이 하나님의 일Opus Dei을 중심으로 이루어지도록 질서를 잡아 줌.** 여기에서 수도원장/수녀원장의 역할은 하나님의 목적을 중심으로 공동체의 생활을 지시하는 것이다. 이것은 자기표현이 강한 개인들을 위한 치유자와 보살펴 주는 자, 혹은 전략적인 계획을 가진 CEO가 하는 일과는

다른 일이다. 이것은 구조와 교리 교육을 비롯하여 사람들을 세워나가는 일을 말한다.

- **다양한 업무와 선교 및 공동체의 활동에 대한 감독.** 특히 어떠한 공동체에서도 통상적인 부분인 다양한 에너지와 긴장을 종합하여 더 큰 힘을 발휘할 수 있도록 감독한다.

리더십과, 팀, 그리고 과도기

수도원장/수녀원장과 같은 대 스승의 감독 아래 있는 리더십 코뮤니타스는 현재의 교회 리더십에 하나를 덧붙이는 것 이상의 일이다. 리더들이 "현재 하고 있는 일에 이 일을 어떻게 덧붙이느냐." "새로운 또 하나의 팀을 만들기 위해 스태프를 어떻게 증원하느냐."고 묻는 질문에는 핵심이 빠져 있다. 이 제안의 핵심은 다른 관점에 있다. 교회의 불안은 조정을 통해서 타개될 수 없다. 그 일에는 리더십 성격의 변화가 요구된다. 같은 지역 내에 거하는 리미널과 이머전트는 미셔널 공동체를 발전시키기 위해서 리더십 코뮤니타스를 개발하는 실험들을 함께 한다. 이것이 어떤 모양이 될 것인가?

한 도시나 마을에서 교회와 교회 개척자들, 가정교회가 어우러져서 한 사람의 영적 스승의 지휘 아래서 공동의 리더십 코뮤니타스를 형성하는 것이다. 그 코뮤니타스는 모든 공동체들이 오가면서 미셔널 삶이 일어날 수 있는 환경을 개발하는 역할을 감당한다. 이 코뮤니타스는 공동체들 가운데서 '미시오 데이'를 위해 일하는, 앞서 간략히 설명한 다양한 리더십 유형들로 구성된다. 그 리더들은 그 지역의 리더십 업무를 감당하도록 부름을 받은 역할을 감당한다. 다음 도표는 전반적인 모습을 예시해 주고 있다.

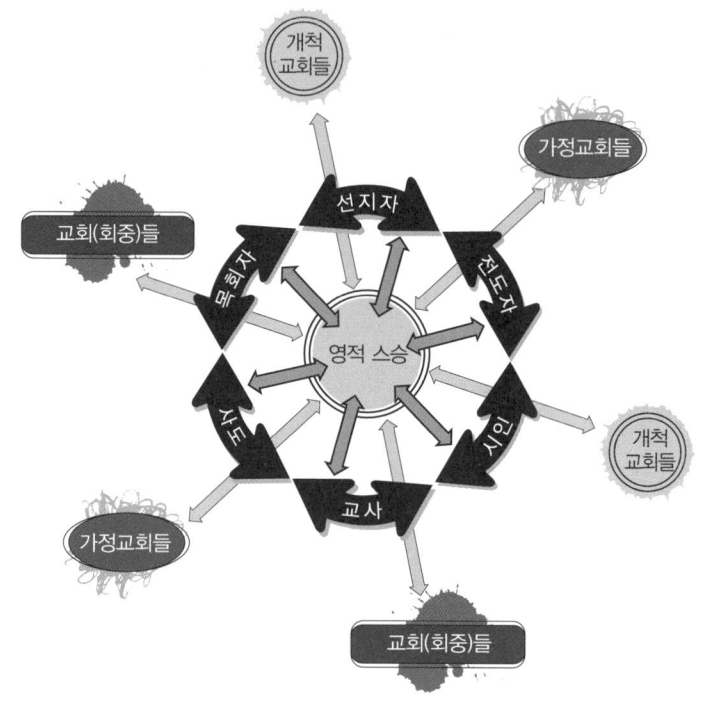

대 스승은 교단의 정책과 절차를 집행하는 교단 간부가 아니다. 그들의 역할은 리더십 코뮤니타스가 작동하도록 감독하고 안내해 주는 것이다. 그 코뮤니타스는 그 결사체의 규칙에 헌신한 남녀로 구성되어 있다. 그 규칙은 다음과 같은 것일 수 있다.

- 개교회나 가정교회, 혹은 개척 교회만이 아니라 지역 일대와 이웃에 헌신한다.

- 하나의 공동체로서 매일 지켜야 할 경건의 일과를 준수하고 사무실을 운영한다. 이 경건의 일과는 하루 중 다양한 시간에 잠깐 시간을 내어 기도와 침묵, 성경 읽기, 기본적인 신앙고백을 실시하는 공동체의 실천을 본따서 만든다.
- 팀에 대한 대 스승의 감독과 권위에 절대적으로 따른다.
- 결사체는 다양한 예배 공동체 가운데서 '미시오 데이'의 형태를 분별하는 데 초점을 맞춘다.
- 소명과 은사는 전체를 위해서 공유한다.

사도행전 13장을 보면 이러한 종류의 리더십 공동체의 흔적이 나타난다. 안디옥 교회는 함께 능숙하게 일하는 리더들이 모여서 이루어졌다. 비록 성경에 이 대목이 자세하게 나와 있지는 않지만, 그 도시와 그 일대의 교회를 위한 기도와 분별을 위해 다양한 사람으로 이루어진 집단이 형성되었음을 볼 수 있다. 최소한 그 팀에 목사와 사도, 즉 바나바와 바울이 있었음을 알 수 있다. 그들은 단지 특정한 한 교회나 한 번의 실험을 위해서가 아니라 안디옥에 있는 모든 교회를 위해서 모였다.

살아 있는 코뮤니타스와 '미시오 데이'
만일 이 제안이 새롭게 들린다면, 그 까닭은 우리가 다른 미셔널 맥락 가운데서 형성된 교회를 잊었기 때문이다. 그러나 이 기억은 우리의 많은 성경 서사와 전통 속에 존재하고 있다. 우리는 이 기억을 회복시켜서 하나님 나라를 위한 새로운 상상력과 모험으로 연결해야 한다.

많은 교회와 가정교회, 개척교회들이 필요한 유형의 리더십을 갖고 있지 않다. 그 결과는 새롭게 떠오르는 실험적인 교회들 가운데서, 그리고 제대로 커보지도 못하는 대부분의 개척교회들 가운데서 쇠퇴와 낙심과 탈진이 악순환되는 것이다. 위기는 단순히 기존 리더들의 낙심이 아니라, 이웃들 속에 뿌리내린 작은 지역 교회들이 그들의 상황 가운데서 성육신적 삶을 살지 못하고 급속도로 사라지고 있다는 것이다. 마치 대형 마트가 소규모 소매상을 다 흡수해 버림으로써 한 지역 사회 안에서 더 약한 사회적 경제적 연결망을 만들어 내듯이, 소형 교회들이 대형 교회로 흡수되는 일은 교회의 미셔널 삶에 있어서도 엄청난 비극이다. 우리에게는 이웃과 지역사회 안에서, 그들을 위해, 또한 그들과 더불어 교회로서 존재하는 일에 대한 새로운 상상력이 필요하다.

이 일은 커다란 도전이다. 그러나 그것이 경계 지대적 상황이다. 지역적 맥락에서 이머전트와 리미널의 결사체는 미셔널 참여의 실험 가운데서 하나님 백성들의 상상력을 자극한다. 또 이러한 도전들 중 많은 것을 해소할 것이다. 각 교회에는 리더십 팀이 있다. 이러한 팀들은 이미 이사회나 당회 등의 형태로 자리 잡고 있다. 대 스승의 지휘 아래서 리더십 코뮤니타스는 회원 중 한 사람을 한 교회, 한 가정교회 혹은 개척교회를 담당하도록 맡긴다. 그러나 이러한 여러 상황교회, 가정교회, 개척교회에 팀 전체의 다양한 기술을 제공할 수도 있을 것이다. 이러한 품앗이를 통해 가르치고 설교하고 훈련하고 준비시키는 일의 잠재력과 가능성은 엄청나게 확대된다. 여러 공동체의 자원들이 '미시오 데이'라는 공동 과제를 놓고서 상부상조할 수 있게 된다. 정기적으로 그 일대의 교회가 함께 모여 예배를 드리고, 축하 행사도

열고, 이야기도 하고, 훈련도 함으로써 작은 소규모 공동체도 홀로 지내지 않도록 한다. 리더십 코뮤니타스 자체가 미셔널 결사체로 형성되는 것이기 때문에, 각 공동체가 본받을 수 있는 모델의 역할을 하게 된다.

여러 교회교단 시스템은 이미 교회 정치 가운데서 그러한 포럼들의 요소들을 갖추고 있다. 그러나 그들의 미셔널 의식은 이미 상당 부분 규제적인 구조에 의해서 대체되어 버린 상태이다. 즉, 행정가와 관료들이 선지자와 사도들의 리더십을 빼앗아가 버렸다. 예를 들어서, 장로교에서 지역 교회회중의 목회자들은 지역 교회의 목사로 안수를 받는 것이 아니라 그 지역 노회의 일원으로 안수를 받는 것이다. 이것은 그 도시나 마을 전체를 편성하고 책임졌던 방식에 대한 희미한 기억을 반영하고 있다. 그러나 이러한 편성과 책임성이 지금은 대부분 망각되었다. 그들의 교회회중와 마찬가지로 대부분의 장로교회 목사들은 지역사회와 활발하게 연결되어 있던 생활 방식에서 오로지 자기 교회회중에만 초점을 맞추는 일종의 회중주의congregationalism로 급속히 이동하고 있다. 노회 임원들은 이제 그 노회에서의 '미시오 데이'를 위한 미셔널 리더십을 감당하는 시너지스트들이 아니라 정책과 규칙을 관리하는 관리자로서의 역할을 감당하고 있다.

이 제안의 선례는 교회의 역사로 거슬러 올라간다. 속사도 시기에는 한 도시의 교회가 여러 가정교회들로, 혹은 조금 더 큰 회집으로 이루어져 있었다. 그리고 이 모임들은 가정교회들을 감독하고 훈련시키는 한 사람의 감독과 장로 그룹을 통해서 서로 연결되어 있었다. 히포의 아우구스티누스가 이런 식으로 활동했다. 감독으로서 그는 히포에 있는 교회를 감독했다. 그 교회는 적은 수가 모였던 여러 가정으로 이루어져 있었다. 장로 그룹은 하나의 팀이 되어서 이 작은 그룹들을 보살피고 훈련시키는 일을 감당했다.

일찍이 몇몇 수도회 가운데서 비슷한 구조가 등장했다. 성 패트릭 이후 아일랜드에서는 새롭게 등장하는 공동체들의 수도원장과 수녀원장이 사람들의 전반적인 삶을 세워 주었다. 이 사람들은 자신들을 교회라는 모임으로 바라보았을 뿐만 아니라 복음을 드러내고 선포할 사명을 받은 선교단으로 보았다. 이러한 미셔널 공동체 가운데서, 수도원장/수녀원장의 지휘 아래서 능력을 발휘하는 재능 있는 리더들이 있었다.

우리가 곧장 그러한 리더십 공동체를 만드는 일에 뛰어든다는 것은 불가능하다. 먼저 지반을 다지는 기초공사가 필요하다. 지역 가운데서 이머전트와 리미널 사이의 대화가 필요하다. 특정 정황과 맥락에 맞도록 실험하고 발전하기 위해서는 이러한 모임의 다양한 형태가 필요하다. 대수도원장/수녀원장 역할을 할 수 있는 영적 스승이 발굴되어 훈련받아 힘을 부여받을 필요가 있다. 또한 견습 프로그램이 필요하다. 코뮤니타스를 이루어나가는 노력들은 일일이 문서로 정리하고 조사하고 검토해 이러한 리더십 방법을 위한 새로운 교육 자료로 개발할 수 있어야 한다. 그러나 이 일에 참여하는 데 필요한 상상력은 이미 교회 전반에 걸쳐 존재하고 있다. 우리에게 필요한 것은 기꺼이 모험과 실험을 하려는 자세이다. 그러한 실험들은 많은 곳에서 현재 진행 중이다. 영국 셰필드의 The Order of Mission에서, 캐나다 밴쿠버의 Southside Church에서, 보이세 강 옆 아이다호 주의 이글Eagle에서 진행되고 있다. 'The

Allelon Center for Missional Leadership'51)이 이러한 공동체들을 위해 리더들을 훈련시키고 있다.

이 과정에서 5-10개의 교회, 가정교회, 개척교회가 함께 모이고 리미널과 이머전트가 하나되는 일을 상상해 보라. 몇몇 교단의 리더들과 신학교수들, 그리고 이머전트 교회의 핵심 리더들이 한 지역을 위해서 모임을 형성하는 실험을 하자고 리더들에게 촉구할 수 있을 것이다. 이러한 리더들은 서로 5년 정도의 언약을 맺고, 자기들을 지도해 줄 영적 스승을 찾으며, 이미 이 분야에서의 훈련을 제공하기 위해 가장 앞선 트레이너들과 자료를 모아놓고 있는 Allelon Center for Missional Leadership의 훈련 자원을 검토할 수 있을 것이다.

이제는 다시 모여야 할 시간이다

내적인 변화가 일어나고 있는 이 시기에 리미널과 이머전트는 이전보다 더욱 더 서로를 필요로 하고 있다. 나는 이것이 오늘날 우리가 가야 할 방향이라고 확고하게 믿는다.

이 책에서 우리는 오늘날 교회 가운데서 전개되고 있는 이머전트와 리미널의 양분화를 검토했으며, 우리 모두가 직면하고 있는 불연속적 변화의 단계와 성격들을 살펴보았다. 그러나 나의 바람은 오늘날 우리가 어디에 처해 있는가에 대해 더 많은 이해를 갖는 것을 넘어서 각 리더들이 서로의 차이점을 미뤄두고 지역사회와 교회 가운데서 코뮤니타스로 함께 모여 겸손과 하나됨을 통해서 하나님이 원하시는 미셔널 삶을 사는 것이다. 나는 최상의 출발이 바로 앞의 두 장에서 간단히 설명한 대로 영적 스승의 지휘 아래서 하나의 팀으로서 모든 유형의 리더십이 함께 일해 나가는 결사체를 시작하는 것이라고 본다.

이제는 지역 수준에서 행동해야 할 때이다. 나는 여러분이 여러분의 지역에서 그러한 대화를 시작하기를 권면한다. Allelon Center for Missional Leadership과 접촉하여 여러분의 진행 사항을 알려 주고, 어떻게 하면 우리가 여러분을 격려해 줄 수 있을지 제안해 주기 바란다. 여러분이 자신의 교회와 지역사회를 위하여 하나님이 바라시는 선교의 삶을 살아가고자 노력하기를 바란다. 그리하여 하나님의 선하심을 체험하시기를 기도한다.

성찰과 적용

1. 그룹에서 영적 감독자의 존재가 얼마나 중요하다고 보는가? 당신이 사는 지역에서 그러한 사람을 찾으려면 어떻게 해야 하겠는가?

2. 당신의 지역사회를 위해서 얼마나 넓은 지역을 감당하는 것이 실용적이라고 생각하는가? 어떤 농촌 지역에서는 수십 마일이 될 수도 있고, 도심 지역 같은 곳에서는 하나의 구 정도가 될 수도 있다. 당신의 지역에서 리더십 코뮤니타스에 들어올 조직이나 단체가 있는가? 사무실이나 기도처는 어디에 두는 게 좋겠는가?

3. 당신의 교회에 있는 은사와 부르심(일, 업무)을 다른 사람들과 나눌 수 있겠는가? 당신 교회의 약점과 부족한 점을 채우기 위해서 다른 곳에 요청할 은사와 부르심은 무엇인가? 앞의 두 장에서 논의한 리더십의 은사와 유형에 따라서 이러한 필요들을 구분할 수 있겠는가?

4. 사도행전 13장에 있는 코뮤니타스에 덧붙여서 당신 지역의 코뮤니타스 모델들로는 무엇이 있는가? 사도행전 13장의 코뮤니타스는 기도를 중심으로 이루어졌다. 당신의 리더십 모임에서 기도는 어떤 위치를 차지하겠는가? 당신의 코뮤니타스의 초석이 되기를 원하는 분야와 실천 요소, 자원들은 무엇인가?

5. 당신의 지역사회 안에서 그와 같은 리더십 단체가 활동할 수 있도록 하려면 어떻게 해야겠는가? 당신의 교회에서 먼저 출발할 필요가 있는가? 그와 같은 포럼을 함께 시작할 수 있는 다른 교회들이 있는가? 앞으로 3개월 안에 그러한 모임을 출범시킬 수 있겠는가? 누구를 접촉할 필요가 있는가? 당신이 할 일은 무엇인가?

주

1장

1) 다음 책도 보라. Alan Roxburgh, *The Missionary Congregation, Leadership, & Liminality* (Harrisburg, PA: Trinity Press International, 1997).

2) 어떤 의미에서 '리미널 교회' 대 '이머전트 교회'라는 딱지 붙이기가 전혀 도움이 되지 않을 수도 있다. 새로운 종류의 교회에 대한 리미널 교회와 이머전트 교회의 중심은 그들이 미셔널 대화에 기여하고 있는 분야와 생각에 비추어 볼 때 아주 다른 것은 아니다. 그러나 제도적 면모들을 어떻게 말하느냐에 있어서는 두 그룹 사이에 갈등이 있다. 이머전트는 소위 리미널 교회와 자신들을 대조시키면서 대안적인 편제를 세우고자 한다. 그럼에도 불구하고 사실상 그들이 하고 있는 것은 하나의 제도적인 편제를 다른 제도적 편제로 바꾸는 것이다. 그 모든 역설적인 언어는 다만 사람들로 하여금 그 가설들에 의문을 품지 않고 받아들이게 하는 능력에 있다. 그러나 여기에서 우리는 이보다 더 깊이 들어가야 한다.

3) 다음을 참조하라. Jane Jacobs, *Dark Ages Ahead* (Toronto: Random House Canada, 2004). 첫 장은 문화가 암흑기에 떨어지는 일차적 이유가 더 나은 장래를 만들고자 노력하는 진지한 사람들이 없기 때문이 아니라, 그 문화가 집단적인 기억상실 상태를 발전시켜서 말씀과 전통, 습속, 능숙한 기술 등이 사라지기 때문이라고 주장한다. 그리하여 그들이 마치 뿌리 없는 나무처럼 되어 곧 붕괴된다는 것이다. 오늘날 교회에서 이런 일이 벌어지는 것을 목격할 수 있다.

2장

4) 『헝그리 정신』(찰스 핸디, 생각의 나무, 2002).

243

5) 『성찰적 근대화』(울리히 벡, 앤소니 기든스, 스콧 래쉬, 한울, 1998).

6) 『적이 사라진 민주주의』(울리히 벡, 새물결, 2000).

7) 이 도표를 다음의 책과 비교해 보라. Robert Reich의 *The Future of Success* (New York: Vintage, 2002). 여기에서 저자는 공표의 윤리가 시장의 급격한 세계화에 의해서 생산된 것으로 규정하고 있다.

3장

8) Graham Ward, *Cities of God* (New York: Routledge, 2000), 59-60.

9) Josepy R. Myers, *The Search to Belong: Rethinking Intimacy, Community, and Small Groups* (Grand Rapids: Zondervan/EmergentYS, 2003), 6.

10) Spencer Burke, *Making Sense of Church* (Grand Rapids: Zondervan/EmergentYS, 2003), 26.

11) R. R. Reno, *In the Ruins of the Church: Sustaining Faith in an Age of Diminished Christianity* (Grand Rapids: Brazos Press, 2002), 26.

12) Daryl R. Connor, *Leading at the Edge of Chaos* (New York: John Wiley & Sons, Inc., 1998), 12.

13) Richard Pascale, Mark Millemann, and Linda Gioja, *Surfing the Edge of Chaos* (New York: Three Rivers Press, 2000), 19-21.

14) 이 변혁에 대한 정보를 더 원한다면, 다음 책에 있는 다음 글을 보라. Manuel Castells, "*The Information Age: Economy, Society, and Culture*", in *The Emergence of the Network Society,* 2nd ed., vol. 1 (Maldon, MA: Blackwell Publishers, 2000).

4장

15) Richard Pascale, Mark Millemann, and Linda Gioja, *Surfing the Edge of Chaos* (New York: Three River Press, 2000), 21.

16) 20세기 교회에서 이 점에 대한 실례를 보려면 다음 책을 보라. Coalter Milton, John Mulder and Louis Weeks, *The Organizational Revolution: Presbyterians and American Denominationalism* (Louisville, KY: Westminster/John Knox Press, 1992).

17) 『실행의 리더십』(로널스 A. 하이페츠, 마티 린스키, 위즈덤하우스, 2006).

18) 예를 들어서 다음 책을 보라. 『새로운 그리스도인이 온다』(브라이언 맥클라렌, IVP, 2009) 와 R. R. Reno, *In the Ruins of the Church* 및 Darrel Guder and Lois Barrett, *Missional Church*를 이 과정의 예로 들 수 있을 것이다.

19) 서구 사회들 전반에 걸쳐 일어나고 있는 이 이탈 현상, 와해 현상에 대한 유익한 분석으로는, 울리히 벡 및 공동 저자의 글들(Reflexive Modernization)과 지그문트 바우만(Zygmunt Bauman, In Search of Political)의 글을 보라.

6장

20) Ann Brashares, "Under the Covers," *New York Times*, Sunday, July 31, 2005. Section 4. 13페이지 이하.

21) 앞의 기사.

22) Leonard Sweet, ed., *The Church in Emerging Culture* (Grand Rapids: Zondervan /Emergent YS, 2003).

23) Walter Brueggemann, *Hopeful Imagination* (Philadelphia: Fortress Press, 1986), 45-46.

24) Mary Jo Leddy, *Reweaving the Religious Life*(Mystic, CT: Twenty-Third Publications, 1990), 3.

25) 다음 책을 참조하라. Barbara Tuchman, *The Guns of August* (Toronto: Ballantine, 1994).

26) Pascale et al., *Surfing the Edge of Chaos*, 201.

27) 『의례의 과정』(빅터 터너, 한국심리치료연구소, 2005).

8장

28) 갈라디아서 1장 14절.

9장

29) 『문화의 해석』(클리퍼드 기어츠, 까치글방, 1999).

30) 같은 책.

31) 『문화 속의 선교』(폴 G. 히버트, 총신대학 출판부, 1987).

32) 같은 책.

33) Edgar H. Schein, *Organizational Culture and Leadership* (San Francisco: Jossy-Bass, 2004), 70-93.

34) Richard Sennett, *The Corrosion of Character* (New York: W. W. Norton & Company, 1998), 123ff.

35) 같은 책, 130.

10장

36) 이러한 역할 감소에 대한 좀 더 자세한 개관을 보려면, Darrell Guder and Lois Barrett, *Missional Church*, chapter 7을 보라.

37) Lawrence M. Miller, *From Barbarians to Bureaucrats* (New York: Fawcett books, 1990), 2-6.

11장

38) 『성찰적 근대화』(앤소니 기든스, 울리히 벡, 스콧 래쉬, 한울, 1998).

39) 이 말은 신학박사 학위를 가진 교사들의 중요성을 부인하겠다는 뜻이 아니다. 그러한 사람들은 필요하며 앞으로도 언제나 필요할 것이다. 학문적으로 우수한 사람이 필요하다. 그러나 내가 여기에서 말하고자 하는 것은 신학교 시스템을 지나치게 강조하는 경향과 그 시스템을 통해서 형성시키고자 하는 리더들의 유형 및 오늘날의 사회에서 우리 교회들이 처해 있는 위치에 대한 기본적인 쟁점을 제기하려는 것이다. 신학교에서 가르치고 있는 대부분의 교수들은 학문을 위해서 훈련받은 학자들이다. 그들의 초점은 일차적으로 지역 교회(회중)가 아니다. 그들은 학문 생활의 추상적인 지적 싸움을 위해 준비된 사람들이다. 실제로 그들은, 이 나라 전역에 흩어져 있는 교회에서 섬기게 될 대부분의 리더들 세계의 판을 짜 줄 수 있거나 그 세계를 형성시켜 줄 수 있는 진정한 장인들이 아니다. 대부분의 학자들이 교회들을 섬기고 있으며 무슨 일이 진행되고 있는지 알고 있다는 생각은 솔직하지 않은 것이며, 기껏해야 리더 양성의 주요 문제점들을 덮으려는 말에 불과할 뿐이다. 물론 교회를 위해서 지적으로 유능한 리더를 준비하는 것도 중요하지만, 그 훈련이라는 것이 진정으로 무엇에 대한 것이냐에 대해서 새롭게 상상하는 일이 반드시 있어야 한다. 사람들을 그들의 상황에서 빼내어 그들을 준비시키기 위해 추상적이며 고립되어 있는 교육 모듈(educational modules) 안에 집어넣었다가 지역 맥락(contexts)으로 복귀시킬 필요가 있는가? 우리에게는 지금 경계적 상황에 깊이 빠져 있는 사회 제도들을 위해서 그런 것들과는 근본적으로 다른 것이 필요하다.

40) Alan Roxburgh, *The Missionary Congregation, Leadership, & Liminality* (Harrisburg, PA: Trinity Press International, 1997).

41) 전도자나 교사와 같은 유형들을 더 제시할 수도 있겠지만, 유형의 수가 여기에서 말하고 있는 코뮤니타스 안에서 생활하고 코뮤니타스를 개발하는 리더 팀의 육성에 관한 기본적인 주장에 영향을 주지는 않는다.

42) 요한복음 1장 1, 14절.

43) 요한1서 1장 1-2절.

44) John O' Donahue, *Eternal Echoes* (New York: HarperCollins, 1999), xxiv-xxv. 73.

45) 『목회영성의 흐름, 주일과 주일 사이』(유진 피터슨, 좋은씨앗, 2002).

46) 이사야 43장 19절.

47) 이사야 52장 7절.

48) 다음을 보라. Robert J. Scudieri, *The Apostolic Church* (St. Louis, MO: Lutheran Society for Missiology, 1995).

49) Friedrich Schleiermacher, *On Religion: Speeches to its Cultured Despisers* (Louisville. KY: Westminster John Koox Press, 1994).

12장

50) Anthony C. Meisek and M. L. de Mastro, *The Rule of Benedict* (NY: Doubleday/Image Books, 1975).

51) 이 센터에 대한 더 자세한 정보를 보려면, 다음의 웹사이트를 찾아 보라. www.allelon.org

참고 도서

- Bauman, Zygmunt. *In Search of Politics*, Palo Alto: CA: Stanford University Press, 1999.
- 『적이 사라진 민주주의』(울리히 벡, 새물결, 2000).
- 『성찰적 근대화』(울리히 벡, 앤소니 기든스, 스콧 래쉬, 한울, 1998).
- Brashares, Ann. "Under the Covers." In *New York Times*, Sunday, July 31, 2005.
- Brueggemann, Walter. *Hopeful Imagination*. Philadelphia: Fortress Press, 1986.
- Brueggemann, Walter. *Texts Under Negotiation*. Minneapolis: Augsburg Fortress Publishers, 1993.
- Burke, Spencer. *Making Sense of Church*. Grand Rapids: Zondervan/EmergentsYS, 2003.
- Castells, Manuel. "The Information Age: Economy, Society and Culture." In *The Emergence of the Newwork Society*. 2nd ed., Vol. 1. Maldon, MA: Blackwell Publishers, 2000.
- Ciulla, Joanne B. *The Working Life*. New York: Times/Random, 2000.
- Conner, Daryl R. *Leading at the Edge of Chaos*. New York: John Wiley & Sons. Inc., 1998.
- 『문화의 해석』(클리포드 기어츠, 까치글방, 1999).
- Guder, Darrel and Lois Barrett, eds. *Missional Church: A Vision for the Sending of the Church in North America*. Grand Rapids: William B. Eerdmans Publishing

Company, 1998.
- 『헝그리 정신』(찰스 핸디, 생각의나무, 2002).
- 『실행의 리더십』(로널스 A. 하이페츠, 마티 린스키, 위즈덤하우스, 2006).
- Hiebert, Paul. *Anthropological Insight for Missionaries*. Grand Rapids: Baker, 1985.
- Jacobs, Jane. *Dark Ages Ahead*. Toronto: Random House Canada, 2004.
- Leddy, Mary Jo. *Reweaving the Religious Life*. Mystic, CT: Twenty Third Publications, 1990.
- 『새로운 그리스도인이 온다』(브라이언 맥클라렌, IVP, 2009).
- McLaren, Brian. *The Stories We Find Ourselves In*. San Francisco: Jossey-Bass, 2003.
- Meisek, Anthony C. and M. L. del Mastro. *The Rule of Benedict*. NY: Doubleday/Image Books, 1975.
- Miller, Lawrence M. *From Barbarians to Bureaucrats*. New York: Fawcett Books, 1990.
- Milton, Coalter, John Mulder, and Louis Weeks. *The Organizational Revolution: Presbyterians and American Denominationalism*. Louisville, KY: Westminster/John Knox Press, 1992.
- Myers, Joseph R. *The Search to Belong: Rethinking Intimacy, Community and Small Groups*. Grand Rapids: Zondervan/EmergentYS, 2003.
- O'Donahue, John. Eternal Echoes, New York: HarperCollins, 1999.
- Pascale, Richard, Mark Milleman, and Linda Gioja. *Surfing the Edge of Chaos*. New York: Thress Rivers Press, 2000.
- Reich, Robert. *The Future of Success*. New York: Vintage, 2002.
- Reno, R. R. *In the Ruins of the Church: Sustaining Faith in an Age of Diminished Christianity*. Grand Rapids: Brazos Press, 2002.
- Roxbugh, Alan. *The Missionary Congregation, Leadership, & Liminality*. Harrisburg, PA: Trinity Press International, 1997.
- 『조직문화와 리더십』(E. H. 샤인, 교보문고, 1990).
- Schleiermacher, Frederich. *On Religion: Speeches to its Cultured Despisers*. Louisville, KY: Westminster John Knox Press, 1994.
- Scudieri, Robert J. *The Apostolic Church*. St. Louis, MO: Lutheran Society for Missiology, 1995.
- Sennett, Richard. *The Corrosion of Character*. New York: W. W. Norton &

Company, 1998.
· Sweet, Leonard, ed. *The Church in Emerging Culture*. Grand Rapids: Zondervan/EmergentYS, 2003.
· Tuchman, Barbara. *The Guns of August*. Toronto: Ballatine, 1994.
· 『의례의 과정』(빅터 터너, 한국심리치료연구소, 2005).
· Ward, Graham. *Cities of God*. New York: Routledge, 2000.

국제제자훈련원은 건강한 교회를 꿈꾸는 목회의 동반자로서 제자 삼는 사역을 중심으로 성경적 목회 모델을 제시함으로 세계 교회를 섬기는 전문 사역 기관입니다.

길을 잃은 리더들

초판 1쇄 발행 2009년 6월 8일
초판 3쇄 발행 2022년 3월 18일

지은이 앨런 록스버그
옮긴이 김재영

펴낸이 오정현
펴낸곳 국제제자훈련원
등록번호 제2013-000170호(2013년 9월 25일)
주소 서울시 서초구 효령로68길 98(서초동)
전화 02)3489-4300　**팩스** 02)3489-4329
이메일 dmipress@sarang.org

ISBN 978-89-5731-396-1　03230

※ 책값은 뒤표지에 있습니다. 잘못된 책은 구입하신 곳에서 교환해드립니다.